beck'sche reihe

bsr

Die fortschreitende Begegnung mit den nichtchristlichen Kulturen und Religionen wirft die Frage nach der Einzigartigkeit des Christentums und den unterschiedlichen ethischen Entwürfen verschiedener Denktraditionen immer wieder auf. Albert Schweitzer hat zu diesem Problemkreis aus der Erfahrung seines Lebens und Denkens heraus Überlegungen angestellt, die auch heute noch aktuell sind und hier durch zwei wichtige Beiträge präsentiert werden.

Ulrich Neuenschwander, ein ausgewiesener Kenner Albert Schweitzers, führt auf allgemeinverständliche Weise in Leben und Werk des großen Religionsphilosophen ein.

Albert Schweitzer (1875–1965), der jahrzehntelang als Urwaldarzt in Lambarene wirkte, veröffentlichte grundlegende Werke zur Theologie, Religionsphilosophie, Ethik und Bach-Forschung.

Ulrich Neuenschwander (1922–1977) war Professor für Theologie an der Universität Bern.

Albert Schweitzer

Das Christentum und die Weltreligionen

Zwei Aufsätze zur Religionsphilosophie

Mit einer Einführung in das Denken Albert Schweitzers von Ulrich Neuenschwander

Verlag C.H.Beck

Der Abdruck des Schweitzer-Aufsatzes „Das Problem der Ethik“
erfolgte mit freundlicher Erlaubnis
des Verlages Lambert Schneider, Heidelberg

Der Aufsatz von Ulrich Neuenschwander wurde mit freundlicher
Genehmigung des Gütersloher Verlagshauses Gerd Mohn entnommen
aus dem Band ‚Denker des Glaubens I‘, Gütersloh, 2. Auflage 1975

Die Deutsche Bibliothek – CIP-Einheitsaufnahme

Schweitzer, Albert:
Das Christentum und die Weltreligionen : 2 Aufsätze zur
Religionsphilosophie / Albert Schweitzer. Mit e. Einf. in d.
Denken Albert Schweitzers von Ulrich Neuenschwander. –
4., unveränd. Aufl. – München : Beck, 2002
(Beck'sche Reihe ; 181)
ISBN 3 406 47587 6
NE: GT

4., unveränderte Auflage. 2002

Satz: Georg Appl, Wemding
Druck und Bindung: Druckerei C. H. Beck, Nördlingen
Umschlagbild: Porträt Albert Schweitzers
Umschlagentwurf: +malsy, Bremen
Printed in Germany
ISBN 3 406 47587 6

www.beck.de

Inhalt

Den lieben Freunden vom Schweizerischen
Allgemeinen Evangelischen Missionsverein
gewidmet

Vorbemerkung

In Selly Oak, einer Vorstadt Birminghams, sind fünf verschiedene Studienanstalten in einer gemeinsamen Organisation vereinigt. Es sind dies: „Woodbrooke", ein von den Quäkern 1903 gegründetes Zentrum für religiöse und soziale Studien mit einer ganz internationalen Studentenschaft; „Kingsmead", ein ebenfalls den Quäkern gehörendes Seminar zur Ausbildung und Weiterbildung von Missionaren; „Westhill", ein Seminar für religiöse Erzieher; „Fircroft", eine Arbeiterhochschule; „Carey Hall", ein Seminar für die Ausbildung von Frauen, die in den Dienst der Mission treten wollen. Auch sind Missionare und Religionslehrer aus allen Weltteilen in Selly Oak auf Urlaub, um sich zu erholen oder um Englisch zu lernen.

Auf Einladung des Central Council der Selly Oak Colleges sprach ich dort im Februar 1922 über „Das Christentum und die Weltreligionen". Meine Zuhörer bestanden zu einem großen Teil aus Missionaren oder solchen, die es werden wollten, d. h. aus Christen, die das Christentum gegenüber den anderen Weltreligionen, besonders dem Buddhismus und dem Hinduismus, zu verteidigen haben. Mit ihnen versuchte ich in diesen Vorträgen darüber ins klare zu kommen, worin die Einzigartigkeit des Christentums und seine besondere Tiefe bestehen.

Das Christentum
und die Weltreligionen

Sie und ich, wir wollen in der Welt das Evangelium verkündigen. Da ist es notwendig, daß wir uns miteinander darüber klar sind, warum es für uns die höchste Weisheit ist. Warum halten wir es für den Sauerteig, der das Denken, Wollen und Hoffen der ganzen Menschheit durchsäuern soll?

Klarheit hierüber tut uns in unserer Zeit besonders not. Heutzutage ist man in eingehender Weise mit der Erforschung der Religiosität in der Welt überhaupt beschäftigt. In objektiver Weise studiert man die außerchristlichen Religionen der Vergangenheit und die Weltreligionen der Gegenwart. Früher wurden die nichtchristlichen Religionen einfach als Heidentum bezeichnet und waren damit abgetan. Heute hält man uns vor, wie viel ernstes Suchen nach Gott und wie viel erhabene Gedanken in ihnen vorliegen. Oft macht man sogar geltend, daß die Weltanschauungen einzelner dieser Weltreligionen viel durchdachter seien als die christliche, der immer etwas Naives anhafte. Einzelne dieser Weltreligionen, wie der Buddhismus und der Hinduismus, beginnen den Anspruch zu erheben, dem Christentum überlegen zu sein. Ihre Vertreter kommen nach Europa und werden hier als Bringer von Wahrheiten gefeiert, die das Christentum in dieser Art nicht zu geben vermöge.

Nun wollen wir uns miteinander darüber klar werden, ob das schlichte Christentum sich wirklich als die tiefste Religiosität behaupten kann.

Erwarten Sie von mir nicht Apologie, das heißt Verteidigung des Christentums, wie sie leider nur zu oft geübt wird, und die darin besteht, daß man behauptet, das Christentum enthalte Wahrheiten, die über allem Denken stünden und sich daher mit dem Denken nicht auseinanderzusetzen hätten. Dies kommt mir vor, als zöge man sich auf eine Bergfestung zurück, die wohl uneinnehmbar ist, von der aus man aber auch keine Macht ausüben kann.

Von Jugend an habe ich die Überzeugung gehabt, daß alle religiöse Wahrheit sich zuletzt auch als denknotwendige Wahrheit begreifen lassen müsse. Darum, meine ich, soll das Christentum in der Auseinandersetzung mit dem Denken und mit anderen Religionen kein Privileg für sich in Anspruch nehmen, sondern mitten in dem Kampfe der Ideen stehen und einzig auf die Macht der in ihm enthaltenen Wahrheit vertrauen.

Zuerst habe ich mit Ihnen die Ergebnisse der religionsgeschichtlichen Forschung über die Vergangenheit des Christentums zu berühren. Sie wissen, daß man von manchen Seiten dazu gekommen ist, seine Originalität anzuzweifeln. Als erster tat dies Bruno Bauer (1809–1882) in mehreren Werken.[1]

Er behauptet, daß die Ideen des Christentums aus der Frömmigkeit der griechisch-römischen Welt zu Beginn unserer Zeitrechnung stammen. Zuerst habe sich eine Gemeinde von Frommen gebildet, die sich miteinander nach „Erlösung" sehnten. Dann sei eine Tradition aufgekommen, die einen jüdischen Rabbiner, Jesus, zum Verkünder dieser „Erlösungsreligion" gemacht habe.

Arthur Drews, zur Zeit Professor der Philosophie an der Technischen Hochschule zu Karlsruhe, ein sehr religiöser, von dem Philosophen Eduard von Hartmann beeinflußter Denker, will das Christentum aus einem Mythus von einem sterbenden und auferstehenden Erlösergott ableiten.[2] Aus diesem Mythus sei die Geschichte dann entstanden, wie wir sie jetzt in den Evangelien lesen.

Wieder andere nehmen an, daß es einen wegen seiner Lehre gekreuzigten jüdischen Lehrer Jesus wirklich gegeben habe, daß aber der eigentliche Schöpfer des Christentums der Apostel Paulus gewesen sei. Dieser sei ganz von den Ideen der spätgriechischen Erlösungsfrömmigkeit erfüllt gewesen und habe auch, von Tarsus her, die Mysterienkulte, die damals in Kleinasien geübt wurden, gekannt und sei auch mit mystischen, auf dem Boden der Zarathustrareligion entstandenen Erlösungsideen erfüllt gewesen. Diese orientalisch-griechischen Erlösungsideen habe er dann mit Überlegungen über die Person und das Werk des gekreuzigten Jesus von Nazareth in Verbindung gebracht und aus ihm den für die Erlösung der Menschen sterbenden Heiland gemacht. Auch habe er dem Christentum seinen sakramentalen Charakter gegeben. Hauptvertreter dieser Ansicht ist der deutsche Philologe Richard Reitzenstein.[3] Wie können ernsthaft denkende Menschen auf den Gedanken kommen, daß die Gedanken des Christentums nicht von Jesus stammen, sondern nur eine Transformation von Vorstellungen seien, die religiös gesinnte Kreise des damaligen Heidentums bewegten?

Tatsächlich besteht eine gewisse Analogie zwischen dem Christentum und der spätgriechischen Frömmigkeit. In beiden spielt die Gewißheit der Erlösung eine Rolle; in beiden wird die Erlangung der Erlösung mit sakramentalen Handlungen in Verbindung gebracht.

Zu Beginn unserer Zeitrechnung suchte die Sehnsucht nach Erlösung Befriedigung in Kulten, die aus Griechenland oder dem Orient oder Ägypten stammten und durch geheimnisvolle Weihen den Menschen Erlösung vermitteln zu können behaupteten. Diese Kulte sind neuerdings erst erforscht und in ihrer Bedeutung für das Geistesleben der ausgehenden Antike erkannt worden. Bahnbrechend auf diesem Gebiete sind die deutschen Philologen Hermann Usener, Erwin Rohde, Albrecht Dieterich und der Belgier Franz Cumont.[4] Aus Griechenland kamen die Mysterien von Eleusis, aus Kleinasien die Verehrung des Attis und der Kybele, aus Ägypten der Dienst der Isis und des Serapis, aus Persien der Mithraskult.

Aber der Versuch, das Christentum aus diesen Erlösungs- und Mysterienreligionen abzuleiten, läßt sich nicht durchführen. Das Christentum ist viel reicher als sie und enthält noch Elemente ganz anderer Art. Mag man die griechisch-orientalischen Mysterienreligionen noch so sehr idealisieren – und sie werden von manchen Forschern ins Maßlose idealisiert – so bleiben sie doch etwas Armseliges, verglichen mit dem Christentum. Beurteilt man sie nüchtern nach den Texten, die uns über sie erhalten sind, so büßen sie viel von dem Zauber ein, mit dem man sie heute umgibt. Sie sind nur mit der magischen Verleihung der Unsterblichkeit beschäftigt. Das Ethische (das heißt das Moralische oder Sittliche), das im Christentum eine so gewaltige Rolle spielt, kommt bei ihnen bestenfalls in Worten, nicht aber in Wirklichkeit zur Geltung. Wirklich ethisch ist nur der Mithraskult. Dieser hat seine ethischen Energien aus der Religion Zarathustras, von der er ein abgesprengtes Stück ist, das einige Zeit wie ein flammender Komet in der griechisch-orientalischen und in der griechisch-römischen Welt herumkreist. An eine Herleitung des Christentums aus dem Mithraskult können aber auch die ärgsten Fanatiker der Unoriginalität des Christentums nicht denken, weil er in der griechisch-orientalischen Welt erst auftritt, nachdem das Christentum schon ausgebildet ist. Aber gerade durch die Energie ihrer ethischen Ideen war dann die Mithrasreligion, die die römischen Soldaten nach Germanien, Gallien und Afrika trugen, eine Zeitlang der stärkste Konkurrent des Christentums.

Eine totale Differenz zwischen der Erlösungsidee der spätgriechischen Religiosität und der des Christentums besteht darin, daß die eine nichts von der Vorstellung des Reiches Gottes weiß, während die andere dadurch beherrscht ist.

Die spätgriechische Frömmigkeit ist ausschließlich mit dem Schicksal des Geistigen in der Welt der Materie beschäftigt. Sie sucht zu begreifen, in welcher Weise das Leben von oben in das Leben von unten herabgekommen ist und wie es aus dieser Gefangenschaft wieder frei werden könne. Nur für die Rückbringung des Geistigen, nicht auch für das Schicksal der Menschheit und der Welt ist sie interessiert. Das Christentum aber lebt von der glühenden Hoffnung auf eine bessere Welt. Es läßt die Erlösung darin bestehen, daß Gott diese bessere Welt, das Reich Gottes, herbeiführt und die Menschen, die sich als fromm und sittlich bewährt haben, darin aufnimmt.

Des näheren ist Jesu und Pauli Lehre vom Reich Gottes die, daß sie das Ende dieser Welt und den Anbruch der übernatürlichen Welt für ganz bald erwarten. In dem Reiche Gottes werden dann die „Heiligen", die sich durch ihr „Anders-Sein als die Welt" als Erwählte zum Reiche Gottes erwiesen haben, in verklärter Gestalt mit dem Messias zusammen leben, bis, nach I. Cor. 15, das Ende kommt und alle Dinge in Gott zurückkehren, damit Gott sei, wie zu Anfang, Alles in Allem.

Von einer solchen Erwartung einer Endzeit der Welt und einer Verklärung der Welt – mit dem wissenschaftlichen Ausdruck nennt man es „eschatologische Hoffnung", das heißt Hoffnung auf das Ende der Dinge – findet sich in den griechisch-orientalischen Mysterienreligionen nichts.

Wo irgendwo Weltend-Erwartung und Reich-Gottes-Erwartung vorliegen, ist also eine Religiosität gegeben, die nicht aus den griechisch-orientalischen Mysterienreligionen herleitbar ist, sondern ihre Wurzeln in der jüdisch-prophetischen Weltanschauung hat. Amos und Jesaja haben die Vorstellung des Reiches Gottes geschaffen. Das Spätjudentum hat dieselbe, zum Teil wohl unter Mitwirkung von Vorstellungen der Religion Zarathustras, die ihm durch das Exil vermittelt waren, ins Phantastische ausgedacht. Jesus gibt ihr, ohne gegen ihre spätjüdische Fassung zu polemisieren, ihre ethische Vollendung.

In jeder Hinsicht ist es also eine religionsgeschichtliche Phantasie, daß das Christentum aus griechisch-orientalischer Religiosität zu begreifen und aus ihr herzuleiten sei. Es ist eine originale Schöpfung Jesu, der in der Vorstellungswelt der spätjüdischen Frömmigkeit lebt.

Nachher, als das Christentum die Hoffnung auf das baldige Kommen des Weltendes und des Reiches Gottes aufgeben mußte und als durch die Christen aus dem Griechentum griechische Denkweise sich an ihm betätigte, ist es bis zu einem gewissen Grade in die Religiosität der griechisch-orientalischen Mysterienreligionen eingegangen ... und in ihr verarmt.

Im einzelnen ist uns der Prozeß, in dem das Christentum in einer unaufhaltsamen Entwicklung die jüdische Weltanschauung aufgibt und sich „hellenisiert", noch dunkel. So viel aber ist sicher: mit dem Aufgeben der jüdischen Weltanschauung verlieren die Ideen vom Reich Gottes und von der Ethik auf das Reich Gottes hin, die die Eigenart und Größe der Verkündigung Jesu ausmachen, ihre Energie im Christentum. Bei Ignatius, dem ersten Vertreter dieses so hellenisierten Christentums – er lebte am Ende des ersten und zu Beginn des zweiten Jahrhunderts –, ist nicht mehr viel von der lebendigen Verkündigung Jesu zu finden. Sein Hauptinteresse gilt den Sakramenten und ihrer Wirkungsweise. Mit dem Abendmahl ist er als mit der „Medizin der Unsterblichkeit" beschäftigt.

Begnügen wir uns aber nicht mit dem Resultat, daß

das Christentum nicht aus der Religiosität des griechisch-orientalischen Geistes herleitbar ist, sondern etwas Originales ist und auf die Persönlichkeit des in Galiläa aufgetretenen und zu Jerusalem gestorbenen Jesus zurückgeht. Suchen wir gleich an seinem Unterschied von der griechisch-orientalischen Religiosität die Eigentümlichkeit seines Wesens zu bestimmen.

Was immer wieder dazu verleitet, die Religiosität des orientalisch-griechischen Geistes und die des Christentums zusammenzulegen, ist, daß sie beide pessimistisch sind. Sie verzweifeln an der natürlichen Welt. Aber hier tut sich nun ein folgenschwerer Unterschied auf. Die orientalisch-griechische Religiosität ist nur pessimistisch. Die einzige Frage, die sie beschäftigt, ist die, wie das Geistige aus der Welt der Materie erlöst wird. Im Sinne dieses Pessimismus haben die Gnostiker des zweiten Jahrhunderts – Basilides, Valentin, Marcion und wie sie alle noch heißen mögen – das Christentum umgedeutet und es in gewaltigen Systemen über das Herabsinken des Geistigen in die Materie und seine Rückkehr zu seinem Ursprung dargestellt. Auch der im dritten Jahrhundert aufkommende Manichäismus ist von demselben Gedanken beherrscht.

Aber das Christentum ist nicht so einheitlich. In dem Gestein des Pessimismus verlaufen optimistische Adern. Es ist ja nicht nur die Religion der Erlösung, sondern auch die des Reiches Gottes.

Darum will und erhofft es eine Umgestaltung der Welt. Damit hängt zusammen, daß seine Ethik eine ganz andere ist als die der orientalisch-griechischen Religiosität. Die letztere hat es nur mit dem Freiwerden von der Welt zu tun. Sie ist nicht tätige Ethik. Jesus aber, wie die Propheten und wie auch Zarathustra, der in vielem den Propheten verwandt ist, verlangt Freiwerden von der Welt und zugleich Handeln in der Welt.

In der orientalisch-griechischen Religiosität erleben die Menschen nur die Sehnsucht nach dem Geistigen; bei Jesus werden sie von dem Liebeswillen Gottes ergriffen und müssen helfen, ihn in dieser Welt zu verwirklichen, im kleinen wie im großen, im Retten wie im Verzeihen. Schon in dieser unvollkommenen Welt frohe Werkzeuge der Liebe Gottes zu sein, ist ihr Beruf und die Vorstufe zur Seligkeit, die ihnen in der vollendeten Welt des Reiches Gottes beschieden ist.

In dem Tun des Liebeswillens Gottes erleben sie, ohne es zu wissen, die Gemeinschaft mit dem Messias. Beim Gericht werden sie daraufhin durch seinen Spruch zum Reiche Gottes eingehen. Dies ist der Sinn des gewaltigen Wortes Jesu aus dem 25. Kapitel des Evangeliums Matthäus: „Was ihr getan habt einem unter diesen meinen geringsten Brüdern, das habt ihr mir getan."

Die griechisch-orientalische Frömmigkeit sagt zum Menschen – schon bei Plato, dann in den Mysterienreligionen und bei den Gnostikern –: „Mache dich frei von der Welt!" Jesus sagt zu ihm: „Werde frei von der Welt, um dich im Geiste und der Liebe Gottes in dieser Welt zu betätigen, bis Gott dich in eine andere, vollkommenere versetzt!" Worauf beruht der Unterschied? In der griechisch-orientalischen Frömmigkeit waltet eine tote Vorstellung Gottes. Er ist ihr nur die reine Geistigkeit. Der

Gott Jesu ist ein wirkender, der in dem Menschen wirkt. Darum ist die Religion Jesu nicht einheitlicher, zu Ende gedachter Pessimismus, sondern ein Ineinander von Pessimismus und Optimismus.

Jesu religiöse Weltanschauung ist also uneinheitlich. Sein Urteil über die natürliche Welt lautet zwar pessimistisch. Aber Gott ist ihm etwas anderes als der Inbegriff der in der Welt wirkenden Kräfte oder ein Rein-Geistiges, von dem etwas in der Welt verlorenging und aus ihr wieder zurückgebracht werden muß. Er ist wirkende Kraft zum Guten, ein geheimnisvoller Wille, der anders ist als die Welt und höher als die Welt. Ihm geben wir unseren Willen hin; ihm stellen wir die Zukunft der Welt anheim. In dem Gegensatz zwischen der Welt und dem Gotte, der ethische Persönlichkeit ist, und in der damit gegebenen eigentümlichen Spannung zwischen Pessimismus und Optimismus besteht das Eigentümliche der Religion Jesu. In der Uneinheitlichkeit liegt ihre Größe, ihre Wahrheit, ihre Tiefe, ihre Kraft.

Hier muß ich nun bemerken, daß wir modernen Menschen geneigt sind, die Gedanken Jesu modern zu deuten. Uns ist die Vorstellung geläufig, daß durch tätiges ethisches Verhalten der einzelnen auf Erden Zustände des Reiches Gottes verwirklicht werden sollen. Wenn wir nun bei Jesus tätige Ethik und den Gedanken des Reiches Gottes finden, so meinen wir, er habe beides ebenfalls in der uns natürlich erscheinenden Weise verbunden. In Wirklichkeit aber kommt das Reich Gottes bei Jesus nicht in dieser Welt und nicht in einer Entwicklung der menschlichen Gesellschaft zustande, sondern wird durch

Gott verwirklicht, wenn er die unvollkommene Welt in eine vollkommene umschafft. Das ethische Tun des Menschen ist, in dem Gedanken Jesu, nur wie eine mächtige Bitte zu Gott, daß er das Reich bald möge anbrechen lassen. In diesem Sinne ist sein Wort im 11. Kapitel des Evangeliums Matthäus zu verstehen, daß seit den Tagen Johannis des Täufers dem Himmelreich von Gewalttätigen Gewalt angetan wird.

Seit etwa anderthalb Jahrhunderten wurde die modernisierende Deutung der Gedanken Jesu in der protestantischen Theologie als etwas Selbstverständliches geübt. Erst neuerdings wagt man sich einzugestehen, daß er, in der Weltend-Erwartung des Spätjudentums lebend, über das Reich Gottes anders denkt als wir.

Daß er die uns so natürliche organische Verbindung zwischen dem ethischen Tun der Menschen und der Verwirklichung des Reiches Gottes nicht vollzogen hat, hat eine tiefe Bedeutung. Es kommt darin zum Ausdruck, daß wir ethisch sein sollen nicht in der Erwartung, damit irgendeinen Zweck verwirklichen zu können, sondern aus innerer Notwendigkeit, um Kinder des Geistes Gottes zu sein und in dieser Welt schon in seinen Willen einzugehen.

Jesus stellt seine Ethik nicht daraufhin aus, wie durch sie eine vollkommene ethisch organisierte Gesellschaft verwirklicht wird, sondern predigt die Ethik von Menschen, die miteinander nach der Vervollkommnung in der Hingabe an den Willen Gottes streben. Weil er so von dem Zweckmäßigen absieht, gelangt er zur absoluten Ethik. Ethik, die nach einem Prinzip der Zweckmäßigkeit formuliert ist, ist immer relativ.

Ein Beispiel. Jesus kümmert sich nicht darum, ob durch seine Gebote, daß wir immer verzeihen sollen, nie unser Recht verfechten und nie dem Übel widerstehen dürfen, rechtlich geordnete Zustände in der menschlichen Gesellschaft überhaupt möglich sind, sondern er führt uns über alle zweckmäßigen Überlegungen hinaus und in das innerliche Müssen nach dem Willen Gottes hinein.

Als moderne Menschen denken wir uns den Zustand der vollkommenen menschlichen Gesellschaft als eine Harmonie von rechtlicher Organisation und Betätigung der Liebe. Jesus sucht Gerechtigkeit und Liebe gar nicht in Einklang miteinander zu bringen, sondern er sagt dem Menschen: Wenn du im Geiste Gottes sein willst, darfst du nur in Liebe denken und handeln.

Weil Jesus gar nicht zweckmäßig, sondern nur in den Gedanken der absoluten Ethik des „Anders-Sein als die Welt" denkt, stehen seine Gedanken in so merkwürdiger Spannung mit unseren modernen Anschauungen. Erst wenn wir diese Spannung erleben, sind wir mit dem wahren Jesus in Beziehung getreten. Darum dürfen wir uns nicht verleiten lassen, seine Anschauungen zu modernisieren und unversehens seine Gedanken, wie wir sie denken, in seine Worte hineinzulegen. Seine Bedeutung für uns ist, daß er mit dem Geiste der modernen Welt kämpft und ihn aus der Niederung, in der er sich auch mit seinen besten Gedanken bewegt, auf die Höhe hinaufzwingt, auf der wir die Dinge nach dem höheren Wollen Gottes, das sich in uns regt, beurteilen, und nicht mehr in menschlicher Zweckmäßigkeit, sondern einzig in dem Müssen im Willen Gottes denken ... Kräfte der ethischen Persönlichkeit Gottes werden.

Nachdem wir so der Originalität des Christentums gewiß geworden sind und uns auch schon im Lichte der griechisch-orientalischen Religiosität etwas über seine Eigenart orientiert haben, lassen wir es sich mit den heute nach geistiger Macht ringenden Weltreligionen auseinandersetzen.

Welche sind diese? Der Brahmanismus, der Buddhismus, der Hinduismus und die Religiosität, die von den chinesischen Denkern Laotse und Confucius (Kungtse) ausgeht. Die Auseinandersetzung mit der Religion Zarathustras, die der jüdischen und christlichen in vieler Hinsicht am meisten geistesverwandt ist, ist dadurch gegenstandslos geworden, daß diese Religion in der Welt keine Rolle mehr spielt und kaum je noch spielen wird. Sie geht auf Zarathustra (Zoroaster), eine große prophetische Persönlichkeit zurück, die wohl im siebenten Jahrhundert v. Chr. im nördlichen Persien gelebt hat. Von ihrem Auftreten sind uns aber keine genauen Nachrichten erhalten.

Der Grundgedanke dieser Religion ist der, daß die Welt unter der Macht von Angromainyu (Ahriman), dem Herrn der bösen Geister, ist. Gegen ihn kämpft Ahura-Mazda (Ormuzd), der oberste gute Geist, der Erhalter des Lebens und der Gebieter der Reinheit. Ihm wird die Welt einst angehören und durch ihn zu einer vollkommeneren Welt umgeschaffen werden. Die Menschen aber haben sich zu entscheiden, ob sie in dem Kampfe, der im Gange ist, auf seiten Ahura-Mazdas oder

Angromainyus stehen wollen. Zur Blüte gelangte die Religion Zarathustras – als Bekenntnis zu Ahura-Mazda wird sie auch Mazdäismus genannt – in dem von den Sassaniden begründeten neupersischen Reiche (226 bis 642 n. Chr.). Als die mohammedanischen Araber diesem durch seine Kämpfe mit Byzanz geschwächten Reiche ein Ende machten, war das Schicksal dieser Religion besiegelt. Sie wurde nach und nach ausgerottet, indem ihre Bekenner im Laufe der Jahrhunderte gezwungen wurden, den Islam anzunehmen. Im Jahre 1697 n. Chr. flüchteten die letzten Gläubigen nach Indien und ließen sich nördlich von Bombay nieder, wo ihre Nachkommen noch jetzt leben. Durch sie ist uns das Avesta, die Sammlung der heiligen Schriften der Religion Zarathustras, wenn auch nicht vollständig, in der neupersischen Übersetzung erhalten geblieben. 1761 brachte es der französische Gelehrte Anquetil Duperron aus Indien nach Europa.

Auch mit dem Islam hat sich das Christentum geistig nicht auseinanderzusetzen. Entstanden ist er im siebenten Jahrhundert nach Christus zum Teil unter Einwirkung jüdischer und christlicher Ideen. Er besitzt keine geistige Originalität und ist nicht eine Religion, in der ein tiefes Denken über Gott und die Welt vorliegt. Seine Macht in der Welt besteht darin, daß er monotheistische und auch bis zu einem gewissen Grade ethische Religion ist, zugleich aber alle Instinkte primitiver Religiosität behalten hat und sich so den unzivilisierten oder halbzivilisierten Völkern Asiens und Afrikas als die ihnen am nächsten liegende Form des Monotheismus anbieten kann. Zwar ringen auch tiefere, mystische Regungen im Islam um ihre Existenz, hauptsächlich im sogenannten Sufismus, einer durch zarathustrische und indische Einflüsse bestimmten Richtung. Aber sie werden immer wieder unterdrückt. Mit der israelitischen Religion hat sich das Christentum darum nicht weiter auseinanderzusetzen, weil es die lebendigsten Gedanken derselben übernommen und weitergebildet hat.

Wie aber setzt sich das Christentum mit dem Brahmanismus, dem Buddhismus, dem Hinduismus und der chinesischen Religiosität auseinander, in denen tiefes und eigenartiges Nachdenken über Gott und die Welt vorliegt?

Suchen wir Ordnung in die Diskussion zu bringen. Es kann sich nur darum handeln, die charakteristischen Grundgedanken der verschiedenen Religiositäten miteinander zu vergleichen. An ihrem Ideale wollen wir die Weltreligionen messen. Wieviel jede in Wirklichkeit hinter ihrem Ideale zurückbleibt, möge außer Betracht bleiben. Das Christentum selber, als historische Erscheinung, ist ja auch weit hinter seinem Ideale zurück und muß darum ringen, ihm näher zu kommen, als es es bisher tat.

In den Grundgedanken der höheren Religionen tun sich drei Unterschiede auf, die für das Wesen der Religion bestimmend sind. Der eine ist der von optimistisch und pessimistisch; der andere der von monoistisch und dualistisch; der dritte liegt in der Stärke begründet, in der die ethischen Motive vorhanden sind.

Optimistisch ist eine Religiosität, wenn sie der Überzeugung ist, daß die in der natürlichen Welt waltenden Kräfte auf eine vollkommene, gute Urkraft zurückgehen, die alle Dinge in natürlicher Entwicklung der Vollendung entgegenführt.

Die pessimistische Betrachtungsweise besteht darin, daß das religiöse Denken die in der Sinnenwelt waltenden Kräfte nicht als den Ausfluß göttlicher Güte und Vollkommenheit begreifen kann. Darum setzt es seine Hoffnungen nicht auf die in ihr gegebenen Entwicklungsmöglichkeiten, sondern verlegt sie aus ihr hinaus in die Welt des reinen geistigen Seins.

Monistisch ist eine Religiosität, wenn sie Gott als den Inbegriff aller im Universum waltenden Kräfte auffaßt und also meint, daß wir in der Erkenntnis des Universums zur vollständigen Erkenntnis Gottes kommen. Seinem Wesen nach ist der Monismus also pantheistisch.

Dualistisch ist eine Religiosität, wenn sie von vornherein darauf verzichtet, das Wesen Gottes ganz aus den in der natürlichen Welt waltenden Kräften erkennen zu wollen, sondern sich ihn nach idealen Vorstellungen von ihm, die wir in uns tragen, denken will. Dabei kommt sie dann notwendig dazu, sich diesen Gott mit den in der Natur waltenden Kräften in einem gewissen Widerspruch vorzustellen, so große Schwierigkeiten dies für das Denken auch in sich schließt. Der Gott, den wir als Ideal in uns tragen, ist ja eine ethische Persönlichkeit. Das Geschehen, das aus den in der Welt wirkenden Kräften kommt, hat aber keinen ethischen Charakter. Die dualistische Religiosität denkt also theistisch.

Die beiden bisher berührten Unterschiede betreffen

mehr die Formen der Vorstellungen, in denen eine Religion denkt. Der ethische Gehalt aber entscheidet über ihr innerliches Wesen. Darum ist die große Frage, die an jede Religion zu richten ist, inwieweit in ihr stetige und tiefe Antriebe zur innerlichen Vervollkommnung und zu ethischem Handeln gegeben sind.

In der Religion suchen wir Antwort auf die elementare Frage, vor der jeder von uns jeden Morgen aufs neue steht, welchen Sinn und welchen Wert wir unserem Leben geben sollen. Was bin ich in der Welt? Was will ich in ihr? Was darf ich in ihr hoffen? Ich will meine Existenz nicht nur als eine begreifen, die in den Milliarden von Milliarden das Universum ausmachenden Existenzen entsteht und vergeht, sondern als ein Leben, das einen Wert hat, wenn ich es in der wahren Erkenntnis der Dinge auffasse und lebe. Alle in der Religion sich bewegenden Fragen streben auf die eine hin, die alle in sich begreift: „Wie kann ich mich als in der Welt und als zugleich in Gott seiend erfassen?" Auch alle Fragen christlicher Theologie in allen Jahrhunderten gehen auf diese eine zurück. Was für Antworten finden wir auf dieselbe in den Weltreligionen?

Hören wir zuerst den Brahmanismus und den Buddhismus. Beide sind monistisch und pessimistisch. Der Buddhismus ist nur eine besondere Ausprägung brahmanischen Denkens. Die ursprüngliche Religion Indiens ist Polytheismus. An die Götter Indiens sind die Hymnen des Veda, des ältesten heiligen Buches der Inder, gerichtet. In der Priesterschaft dieser Götter kommt nun ein tieferes Denken auf, das über den Polytheismus hinausführt. Wie dasselbe entstanden ist, ist noch nicht ganz aufgeklärt. Seine Anfänge liegen wahrscheinlich darin, daß die Priester durch Wissen über das wahre Wesen der Dinge und durch errungene innere Freiheit von der Welt geheimnisvolle Macht über die Götter selbst erlangen wollten.

Die Anfänge des brahmanischen Denkens gehen etwa bis zum Jahre Tausend vor Christus zurück. Seine ersten Manifestationen finden sich in den Upanishads, welche gewissermaßen den geheimen tieferen Sinn der vedischen Hymnen geben wollen. Die Vollendung des brahmanischen Denkens findet sich in der Vedanta-Lehre, welche in den Brahma-Sutras niedergelegt ist. Vedanta heißt das Ende. Die Brahma-Sutras – Sutra bedeutet Faden – sind kurze Leitsätze zum Memorieren der brahmanischen Lehre. Die Lehre des Brahmanismus ist folgende: Die ganze Welt, wie ich sie um mich herum anschaue und erlebe, ist nur eine unvollkommene Erscheinung des reinen Seins, dessen Inbegriff das Brahman, die Weltseele, ist. In diesem universellsten, reinsten Sein wurzeln alle Existenzen. In ihm wohnen, nach einem vedischen Liede, auch die Götter, „wie die Kühe im Kuhstall". Dies erklärt, wieso die brahmanische Lehre den Polytheismus trotz der erlangten Erkenntnis eines einzigen und einheitlichen höchsten Seins bestehen lassen kann. Sie faßt die Götter einfach als höchste Geschöpfe auf.

Unvollkommen ist die wirkliche Welt, weil sie Werden und Vergehen, Vergehen und Werden ist. Unvollkommen ist sie weiter dadurch, daß der Wille zum Leben in der einen Kreatur mit dem in der anderen Kreatur in Widerstreit ist und so ein Wesen über das andere Weh und Leid bringt. Aus dieser unvollkommenen, leidvollen Welt erlöst sich der Mensch selber durch Erkenntnis und durch Tat, die aus der Erkenntnis kommt. Immer wieder hält er sich vor, daß alles, was er sieht und was um ihn herum vorgeht, nur ein verworrenes Spiel bedeutet, von dem nichts zu erwarten ist und in dem er nicht mitzumachen hat. Seine Bestimmung kann nur sein, sich aus der Sinnenwelt in die Welt des reinen Seins zurückzuziehen. Nicht mehr soll er Mensch sein, der am Leben hängt und für die Welt Interessen hat. Zu absoluter Tatenlosigkeit und Teilnahmslosigkeit muß er sich erheben. Ein Wesen soll er werden, das in der Welt nichts mehr will und nichts mehr von ihr erhofft. Der Welt und seinem eigenen Leben abzusterben, ist ein geistiger Beruf. Immer mehr in das ewige reine Sein eingehend, gibt er seinem Leben seinen wahren Sinn. Alles natürliche Sein setzt sich in dem Kreislauf der Seelenwanderung fort. Durch den mystischen Erkenntnisakt, in dem der Wille zum Leben ausbrennt wie eine Flamme, der keine Nahrung mehr gegeben wird, kommt eine Existenz aus dem Kreislauf der Seelenwanderung heraus. Durch Meditation soll man sich in den Zustand der Weltentrücktheit, der schon an das reine Sein heranreicht, zu versetzen suchen. Die Upanishads bieten ausführliche Anleitung, wie man bei dieser Erstrebung der Bewußtlosigkeit zu sitzen, den Blick zu richten und den Atem anzuhalten habe.

Askese und Selbstpeinigung sollen mithelfen, den Willen zum Leben zu ertöten. Kommt der Brahmane in die

Jahre, so soll er sich als bettelnder Einsiedler in den Wald zurückziehen und sein Absterben von der Welt dadurch vollenden, daß er seinem Dasein durch freiwilligen Tod ein Ende setzt.

Der Buddhismus beruht auf denselben Grundgedanken wie der Brahmanismus. Er unterscheidet sich von ihm in folgendem. Zunächst ist er für den polytheistischen Kult im Prinzip viel gleichgültiger als der Brahmanismus. Ferner verwirft er das gelehrte Forschen und Disputieren über das Wesen des Seins. Es genügt ihm zu wissen, daß alles, was sich in dem Kreislauf des Entstehens und Vergehens ereignet, Leiden ist und daß es darauf ankommt, aus diesem Kreislauf herauszutreten und in den leidlosen Zustand, das Nirwana, einzugehen.

Im Unterschiede zum Brahmanismus verwirft der Buddhismus auch alle Askese, alle Selbstpeinigung und das freiwillige Scheiden aus dem Leben. Das Wesentliche, sagt Buddha, ist, daß ich in Gedanken von der Welt frei werde. Dann ist das Martern des Leibes nicht mehr nötig. Ich kann in ruhiger Heiterkeit leben als einer, der weiß, daß er eigentlich nicht mehr lebt, sondern bereits zum Frieden eingegangen ist.

In seiner abgeklärten Welt- und Lebensverneinung empfindet Buddha natürlicher und menschlicher als die Brahmanen. Dies zeigt sich auch darin, daß er viel mehr als sie mit dem Mitleid, das wir aller leidenden Kreatur darbringen sollen, beschäftigt ist.

Wie Sie wissen, lebte Buddha am Ende des sechsten und am Anfang des fünften Jahrhunderts vor Christus, etwa 557–477. Aus fürstlichem Geschlecht stammend, floh er aus seinem Palaste, Weib und Kind verlassend, um in Askese und Selbstpeinigung zur Gewißheit der Erlösung zu gelangen. Aber die ersehnte Erleuchtung wurde ihm erst zuteil, als er wieder Speise und Trank zu sich nahm und aufhörte, seinen Leib zu quälen. Dann verkündete er die Erlösung rein durch die Erkenntnis, ohne Askese und Selbstpeinigung.

Nicht eine besondere Religion wollte Buddha stiften, sondern nur einen Mönchsorden, in dem man ohne die brahmanischen Verirrungen die Erlösung erlebte. Nachher erhielt seine Lehre die Bedeutung einer Religion. Jahrhundertelang zählte sie viele Anhänger in Indien. Mit der Zeit aber wurde sie, hauptsächlich durch den Hinduismus, verdrängt. Nur auf Ceylon und im Nepal, einem Gebiete auf dem Südabhang des Himalaja, erhielt sie sich. Dafür brachte sie es in China, vom ersten Jahrhundert n. Chr. ab, und in Tibet, vom siebenten Jahrhundert n. Chr. ab, und ferner noch in Japan, in der Mandschurei, in der Mongolei, in Hinterindien und auf den Sundainseln zur Verbreitung. Freilich ist in dem Buddhismus, der Weltreligion wurde, der ursprüngliche kaum noch zu erkennen. Er ist eine Verbindung mit gedankenloser polytheistischer Religion eingegangen und hat die Größe und Eigenart seines Denkens aufgegeben.

Wie verhält sich nun das Evangelium Jesu zum Brahmanismus und zum Buddhismus? Sich mit ihnen auseinandersetzend, wird es sich zunächst seiner Schlichtheit bewußt. Der Brahmanismus und der Buddhismus meinen hinter den Vorhang geschaut zu haben und die Lösung der Rätsel der Welt und des Menschenlebens zu besitzen. Diesem Selbstbewußtsein der Wissenden begegnen wir in den indischen Büchern. Diejenigen von Ihnen, die in Indien gearbeitet haben oder arbeiten werden, finden es an den Menschen mit denen sie zu tun haben. Dies bedeutet einen großen Unterschied im Charakter der Religion. Jesus leitet uns nicht zu solchem Selbstbewußtsein, sondern zu Demut an. Er erweckt in uns das Sehnen, etwas vom Geheimnis des Reiches Gottes zu ahnen. In gewaltigen Worten spricht der Apostel Paulus es im dreizehnten Kapitel des ersten Briefes an die Korinther aus, daß auch unser höchstes Wissen immer nur Stückwerk ist.

Die Berührungen zwischen der indischen Religion der Welt- und Lebensverneinung und dem Christentume wurden von manchen so hoch bewertet, daß sie annahmen, das Christentum sei aus von Indien her kommenden Anregungen entstanden. Diese Idee vertritt als einer der ersten und der bedeutendsten der Philosoph Arthur Schopenhauer (1788 bis 1860) in seinem 1819 erschienenen Werke „Die Welt als Wille und Vorstellung". Er meinte, die indische Religiosität sei der christlichen überlegen, weil sie sich aus logischem Denken über die Welt ergebe. Seither wird immer wieder, besonders durch die Theosophie die Wesensgleichheit der indischen und der christlichen Religiosität behauptet. Immer wieder will man annehmen, daß zur Zeit Jesu indische Geheimlehre in Palästina bekannt gewesen sei. Durch den jüdischen Schriftsteller Josephus, aus dem ersten Jahrhundert n. Chr., wissen wir von einer jüdischen Sekte der Essener, die am Toten Meere wohnte. Nun wird, ohne daß irgendwelche Beweise dafür vorhanden sind, geschlossen, daß diese Sekte mit indischer Weisheit bekannt war und ferner, wofür wiederum keine Nachrichten vorliegen, daß Jesus mit dieser Sekte in Beziehung stand und von ihr in diese indischen Lehren eingeweiht wurde, die er dann in jüdischem Zuschnitt als Evangelium der Liebe vorgetragen habe. Manche theosophische Leben Jesu versteigen sich sogar zur Behauptung, daß Jesus als Knabe in einem buddhistischen Kloster geweilt habe. Ein gewisser Nikolaus Notowitsch log sogar, er hätte Dokumente darüber in einem buddhistischen Kloster in Klein-Tibet gefunden und veröffentlichte als einen Auszug daraus eine Schrift „La vie inconnue de Jésus-Christ" (Paris 1894).[5]

Dies sind Phantasien. Jesus ist weder von den Brahmanen noch von Buddha beeinflußt. Dabei will ich gar nicht in Abrede stellen, daß im europäischen Orient damals indische Gedanken bekannt gewesen sein können. Es ist eine große Frage, wie es zur Zeit Jesu um den Weltverkehr stand. Wir meinen immer, daß das Reisen erst durch Eisenbahnen und Dampfschiffe möglich geworden sei. Wahrscheinlich fand aber zu Beginn unserer Zeitrechnung ein ausgedehnteres Reisen statt, als wir annehmen, und zudem ein Reisen, bei dem mehr Verbreitung von Gedanken stattfand als bei dem heutigen. Die Menschen, die damals in der Welt herumkamen, wurden nicht in internationale Hotels parkiert, sondern sie kamen unter die Menschen. In der Welt herumziehend, waren sie Sucher und Verbreiter der Wahrheit.

Manches deutet darauf hin, daß im Altertum mehr

Gedankenaustausch zwischen Indien und dem europäischen Osten stattfand, als man gemeinhin annimmt. So zum Beispiel muß Plato irgendwie indische Lehren gekannt haben. Anders ist nicht zu erklären, daß in seiner Philosophie – wie auch in griechischen auf den Sänger Orpheus zurückgeführten Geheimlehren – Welt- und Lebensverneinung im Zusammenhang mit einer mit der indischen identischen Lehre von Seelenwanderung auftritt.

Das Entscheidende ist aber, daß zwischen den Gedanken Jesu und denen der Brahmanen und Buddhas keine sachlichen Beziehungen bestehen.

In Wirklichkeit hat das Verhältnis zwischen dem Christentum und der indischen Religiosität Ähnlichkeit mit dem, das zwischen dem Christentum und der griechisch-orientalischen Religiosität besteht. Eine gewisse äußerliche Verwandtschaft ist insoweit, aber nur insoweit, vorhanden, als auch das Christentum pessimistisch ist. Ihrem innerlichen Wesen nach sind beide ganz verschieden. Die Brahmanen und Buddha sagen zu dem Menschen: Als ein Erstorbener, für den nichts in der natürlichen Welt mehr Interesse hat, lebe in der Welt der reinen Geistigkeit. Das Evangelium Jesu sagt zu ihm: Werde von der Welt und von dir selber frei, um als eine wirkende Kraft Gottes dich in der Welt zu betätigen.

In der indischen Religiosität wird das Göttliche als reines, geistiges Sein vorgestellt. Es ist der Ozean, in dem der Mensch des Schwimmens müde, untergehen will. Der Gott des Evangeliums Jesu ist lebendiger, sittlicher Wille, der meinem Willen eine neue Bestimmtheit geben will. Schwimme mutig und recht! sagt er zu mir. Frage nicht, wohin du damit auf dem unendlichen Ozean gelangen wirst. Es ist mein Wille, daß du schwimmst.

Hier tut sich der fundamentale Unterschied auf. Der Brahmanismus und der Buddhismus bringen es eigentlich nur zu einer Ethik in Worten, aber nicht zu einer Ethik der Tat. Es ist notwendig, daß diese letzte Konsequenz des indischen Denkens bloßgelegt werde. Nicht darf sich diese Religiosität als die höhere, weil aus dem reinen Denken über die Welt hervorgegangene Form der Religion der Liebe ausgeben. Der Kampf zwischen dem Brahmanismus und Buddhismus und zwischen dem Christentum ist ein Kampf zwischen geistig und ethisch. In der Diskussion mit Indern wird Ihnen immer wieder der Satz entgegengehalten: „Spiritualität ist nicht Moralität", das heißt, daß das Geistig-Werden in dem Aufgehen in Gott etwas für sich ist, das zuletzt als das Höchste auch über allem Ethischen steht. Wir Christen aber sagen: „Spiritualität und Moralität sind ein und dasselbe. Höchste Spiritualität wird in tiefster Moralität erworben und äußert sich fortgesetzt in tiefster Moralität."

Gerne gibt sich die indische Religiosität als die Religiosität des universellen Mitleids aus. Viel redet sie von dem Mitleid, das wir für alle Kreatur empfinden sollen. Zugleich aber lehrt sie, daß das Ideal die totale Interesselosigkeit und Tatenlosigkeit sei und daß auch der Enthusiasmus für das Gute noch als eine zuletzt zu überwindende Leidenschaft gelten müsse. Von dem intellektuellen Mitleid kommen der Brahmane und der Buddhist nicht zum Mitleid der Tat. Was sollen sie auch dem in

Not befindlichen Wesen auf materielle Weise beistehen? Die einzige Hilfe, die sie ihm nach ihren Ideen konsequenterweise leisten können, besteht ja darin, daß sie es hinter den Vorhang schauen lassen und es anleiten, dem Leben und der Welt abzusterben und sich damit zur Leidlosigkeit zu erheben. Das Intellektualistische des indischen Denkens zehrt die Ethik auf, wie eine unheimliche Sonne die Wolke, von der Regen kommen sollte.

Das Evangelium Jesu hingegen weiß nichts von kalter überlegener Ruhe, mit der wir die Dinge betrachten sollen, sondern es treibt uns in den Enthusiasmus des Wirkens in dem Liebeswillen Gottes hinein. Seinem Wesen nach will es höchster ethischer Enthusiasmus sein.

Die Theosophie, die in dem Bestreben, eine einheitliche Religion zu schaffen, indische und christliche Frömmigkeit miteinander zusammenbringen will, hat es also schwer, weil beide in ihrem Wesen so total verschieden sind. Gewöhnlich opfert sie dann das christliche dem indischen Denken. Sie benutzt es nur, um diesem eine stärkere ethische Färbung zu geben.

Noch eins, und damit tritt der Unterschied charakteristisch zutage: die Erlösungslehre der Brahmanen und Buddhas ist nur für Priester und Mönche. Nur an diese wendet sie sich, da nur diese die Religion der Zurückgezogenheit von der Welt leben können. Bei der Propaganda für indische Frömmigkeit wird dies aber gewöhnlich verschwiegen. Wie oft habe ich denkende Menschen darauf aufmerksam machen müssen, daß Brahmanismus und Buddhismus nicht Religion für den Menschen, sondern nur für den Mönch sind! Am Schlusse der tiefsten

Reden Buddhas fällt gewöhnlich ein Wort, das in Erinnerung bringt, daß hier nicht ein Mensch zu Menschen, sondern ein indischer Mönch zu indischen Mönchen redet. Der Zauber ist dahin.

Das brahmanistische und buddhistische Denken kann nur denen etwas bieten, die in der Lage sind, sich von der Welt zurückzuziehen und der tatenlosen Selbstvervollkommnung zu leben. Dem, der das Feld pflügt, oder dem, der in der Fabrik arbeitet, vermag es nur zu sagen, daß er noch nicht zur wahren Erkenntnis gelangt ist, da er sonst von Tätigkeit, die ihn in der trügerischen und leidvollen Sinnenwelt festhält, absehen würde. Als einzigen Trost darf es ihm in Aussicht stellen, daß er in einer kommenden Inkarnation zur höheren Erkenntnis gelangen und dann den aus der Welt hinausführenden Weg suchen kann.

Das Evangelium Jesu hingegen wendet sich an den Menschen als solchen und leitet ihn an, wie er, in der Welt seiend und in ihr wirkend, dennoch innerlich frei von ihr sein muß. Als ein Gewaltiger in Jesu Geiste redend, läßt uns Paulus, in dem wunderbaren Worte aus dem siebenten Kapitel des ersten Briefes an die Korinther, weinen, als weinten wir nicht, uns freuen, als freuten wir uns nicht, kaufen, als besäßen wir es nicht. In der Vergeistigung der Freiheit von der Welt liegt die Lösung des Problems. Die vergeistigte Freiheit von der Welt ist jedem erreichbar. Die äußerlich verwirklichte bleibt immer nur das Privileg von einzelnen, die aus den natürlichen Lebensbedingungen heraustreten und sich Ausnahmebedingungen schaffen können, wobei sie immer auf die Hilfe derjenigen angewiesen bleiben, die im natürlichen Leben stehen. Was würde aus den heiligen Mönchen Buddhas, wenn sie sich nicht ihre Nahrung von Menschen, die darin verharren, das Feld zu bestellen, erbetteln könnten?

Eines aber müssen wir der indischen Religiosität zugeben: sie erzieht die Menschen zur Sammlung. In der Überlegenheit, in der ihre Vertreter uns armen Europäern begegnen, ist nicht alles Anmaßung. Sie erkennen die eigentümliche Schwäche der modernen christlichen Frömmigkeit. Zu sehr stellen wir uns Christentum nur als Tätigkeit vor; zu wenig sind wir innerliche, sich mit sich selbst beschäftigende Menschen. Es fehlt uns die Stille. Sie fehlt uns nicht nur, weil sie in unserem aufreibenden Arbeitsdasein schwer zu erreichen ist, sondern auch weil wir, ihre Bedeutung nicht einsehend, uns nicht um sie bemühen und uns zu leicht damit abfinden, als ungesammelte Menschen, die nur danach trachten, gut zu sein, dahinzuleben.

Fassen wir zusammen. Der Brahmanismus und der Buddhismus wirken dadurch, daß sie in sich einheitliche, aus konsequentem Denken über die Welt und das Leben entstandene Religiosität sind. Sie bieten in sich logische, monistisch-pessimistische Welt- und Lebensanschauung. Aber diese Religiosität ist arm. Ihr Gott ist reine, inhaltslose Geistigkeit. Ihr letzter Bescheid an den Menschen ist absolute Welt- und Lebensverneinung. Ihr ethischer Gehalt ist gering. Sie sind Mystik, die den Menschen in einem toten Gotte ersterben läßt.

Wenn der indische Geist sich mit uns auseinandersetzt,

hat er ein Empfinden von dieser seiner Armut. Immer wieder sucht er, diese kalte Mystik in wärmerem Lichte spielen und in ethischer Farbe aufleuchten zu lassen. Dies ist aber umsonst. Weil die indische Religiosität – und mit Recht – darauf Anspruch macht, sich aus logischem Denken zu ergeben, darf sie nur behaupten, was in der Konsequenz ihrer Gedanken liegt. Wo wir es mit ihr zu tun haben, lassen wir nicht zu, daß sie sich anders gibt als das, was sie an sich ist: Welt-und Lebensverneinung, die Religion und Ethik sein will.

Die Erlösung durch Eingehen in die Geistigkeit, die sie lehrt, hat etwas Gewaltiges an sich. In seiner Geschlossenheit übt dieser Gedanke eine fast unheimliche Anziehungskraft auf den denkenden Menschen aus. Uns aber verlangt nach einem andern Sein in Gott ... nach einem Sein in Gott, aus dem lebendige ethische Geistigkeit, Wirken in der Kraft Gottes kommt. Diese Erlösung aus der Welt ist die einzige, die das Sehnen des Herzens befriedigen kann. So bleiben wir bei dem einfachen, uneinheitlichen Christentum, auch wenn wir den Zauber der logischen Religion verstehen. Es ist das Wahre und Wertvollste, weil es den tiefsten Regungen des Willens zum Leben in uns entspricht. Religion ist mehr als Welt- und Lebensverneinung.

Lassen wir den Hinduismus vorläufig beiseite. Gehen wir über den Himalaja nach China. Dort finden wir das reine Gegenstück der brahmanischen und buddhistischen Frömmigkeit. Ist die indische Religiosität monistisch-pessimistisch, so ist die chinesische monistisch-optimistisch.

Die führenden religiösen Denker Chinas haben alle miteinander die Überzeugung gemein, daß die in der Welt wirkenden Kräfte gut sind. Darum lassen sie die wahre Frömmigkeit darin bestehen, daß wir den Sinn der Welt zu verstehen und in Einheit mit ihm zu handeln suchen. Konsequent monistisch gelangen sie, wie auch die Brahmanen und Buddha, nicht zur Vorstellung eines Gottes, der Persönlichkeit ist. Für den Inder bleibt Gott die reine, unbelebte Geistigkeit; für die Chinesen ist er der einfache Inbegriff der in der Welt waltenden Kräfte. Diese über allen Dingen und in allen Dingen seiende Macht bezeichnen sie als den „Himmel".

Mit der volkstümlichen überlieferten Religion braucht sich diese religiöse Naturphilosophie nicht auseinanderzusetzen. Sie läßt sie als geltenden Kult neben sich bestehen. Zustatten kommt ihr hierbei, daß es sich nur um einen anspruchslosen Ahnen-, Heroen- und Geisterkult handelt. Vollständig ausgebildet tritt uns diese religiöse Naturphilosophie bei Laotse, zu Beginn des sechsten Jahrhunderts vor Christus, entgegen. Er hat nur ein kurzes Werk hinterlassen. Es heißt Taoteking.[6] Dies bedeutet etwa: „Buch vom Leben nach dem Sinn des Seins". Diesen Titel gab ihm der Kaiser Hang Ging Di, der 156 bis 140 vor Christus regierte und ein Bewunderer Laotses war.

Was bedeutet nach dem Sinn des Seins und in Harmonie mit dem Himmel Denken und Leben? Werden wie die Kräfte der Natur.

Was aber ist das Wesen der Kräfte der Natur? Sie wirken unscheinbar, selbstlos, ohne äußere Geschäftigkeit, rein in innerlicher Macht. Darum richten sie so Gewaltiges aus. In dieser Art sollen wir Kraft werden.

Daß wir milde und friedsam sind und uns selber nicht durchsetzen wollen: dies will der Himmel von uns. Nicht verlangt er von uns Enthusiasmus und Geschäftigkeit im Tun des Guten. Denn davon läßt sich im Walten der Kräfte der Natur nichts entdecken. Eine von milder Ethik verklärte quietistische Mystik: dies ist die Religion, zu der Laotse in dem Sinnen über die Welt gelangt.

Den Krieg verurteilt er in erhabenen Worten:

„Wo zwei Armeen kämpfend aufeinander treffen,
Da siegt der, der es schweren Herzens tut ...
Die Waffen sind unheilbringende Geräte,
Nicht Geräte für den Edlen.
Nur wenn er nicht anders kann, gebraucht er sie.
Ruhe und Friede sind ihm das Höchste.
Er siegt, aber er freut sich nicht daran.
Wer sich daran freuen wollte, würde sich ja des Menschenmordes freuen ...
Wer im Kampf gesiegt, der soll stehen wie bei einer Trauerfeier."

Kungtse (Confucius, 560–480 v. Chr.), Mengtse (Mencius, 372–289 v. Chr.) und Mitse (Micius), der wohl in der zweiten Hälfte des fünften Jahrhunderts v. Chr. lebte, gehen über Laotse hinaus.[7] Sie wollen viel mehr tätige Güte in dem Walten des „Himmels" finden als er. Demgemäß legen sie, was er nicht tut, tätige Liebe in die Frömmigkeit hinein. In vielem berühren sich diese Denker mit dem Geiste Jesu. Wie er zum Schriftgelehrten, der das große Gebot begriff, sagte „du bist nicht ferne vom Reiche Gottes", so hätte er auch für sie Anerkennung gehabt.

Am weitesten geht Mitse. Er stellt die Forderung unumschränkter Menschenliebe auf. Ein wundervolles Wort von ihm ist uns erhalten:

„Man muß tun, was der Himmel wünscht, und unterlassen, was der Himmel nicht wünscht. Was wünscht und was haßt nun der Himmel? Er wünscht, daß die Menschen einander lieben, daß sie einander nützen, und wünscht nicht, daß die Menschen einander berauben. Aber woher weiß man dies? Daher, daß er sie ausnahmslos liebt, ausnahmslos ihnen nützt. Dies erkennt man an dem, daß er sie ausnahmslos besitzt und ausnahmslos ernährt ..."

Damals gab es in China Menschen, die als Verkündiger der Liebe und des Friedens das Reich durchzogen. Hier traten, wohl im fünften Jahrhundert v. Chr., die ersten Pazifisten auf. In einem Schriftstücke, das uns mit den Werken des Philosophen Chwangtse (Tschuangtse) erhalten ist, heißt es von ihnen:

„Sie suchten durch eine brennende Liebe die Menschen der Welt brüderlich zu vereinen. Die Bekämpfung der Lüste und Begierden war ihr Grundsatz. Wenn sie bekämpft wurden, hielten sie es nicht für Schande, nur darauf bedacht, die Menschen vom Streit zu erlösen. Sie verboten den Angriff und wollten die Niederlegung der Waffen, um die Menschen vom Krieg zu erlösen. Mit diesen Lehren durchzogen sie die ganze Welt. Sie ermahnten die Fürsten und belehrten die Untertanen. Wenn auch die Welt ihre Lehre nicht annehmen wollte, so blieben sie um so fester dabei und ließen sie nicht fahren. Es hieß von ihnen, daß Hoch und Niedrig vermied, mit ihnen zusammenzukommen, daß sie aber mit Gewalt sich Zutritt verschafften."

Wie dem modernen Christentum, so schwebt diesen Frommen Chinas der Gedanke des durch die Liebe auf Erden zu verwirklichenden Reiches Gottes vor. Suchen wir, was wir so unter fernem Himmel in der Vergangenheit bei Nichtchristen von christlichen Idealen finden, nicht zu verkleinern. Dies wäre nicht im Geiste Jesu. Freuen wir uns der Wahrheit überall, so sie emporlodert.

Aber die Frommen Chinas bauen auf Sand. Sie gehen von der Voraussetzung aus, daß wir alles, was wir als Religion der Liebe glauben und behaupten, in dem Walten der Kräfte der Natur ablesen können und also durch das Nachdenken über das Wesen der Welt darauf geführt werden. Als Welterkenntnis wollen sie sie ausgeben. Dies aber ist eine Illusion. Die Welterkenntnis führt nicht so weit. Klar erkennt dies schon Laotse. Darum stellt er als Verhalten nach dem Sinn der Welt nur eine ganz abgetönte Ethik auf und verwirft alle enthusiastische Ethik der Liebe. Die Denker, die sich in seiner Nachfolge an die Wirklichkeit halten, können nicht anders, als die von ihm gesteckten Grenzen beachten. Der bedeutendste unter ihnen ist Chwangtse (Tschuangtse), im vierten Jahrhundert v. Chr. Er ereifert sich gegen Kungtse, Mengtse und die anderen Apostel der Liebe und zeigt ihnen mit unbarmherziger Klarheit, daß das Leben nach dem Sinn des Seins keine solchen Anforderungen an den Menschen stelle. Wie Laotse wird er quietistischer Mystiker. In vielem erinnert seine religiöse, aber dabei streng auf die Wirklichkeit eingestellte Naturphilosophie an die der Stoiker und Spinozas. Die chinesische Religiosität hat nicht so viel von sich reden gemacht als die indische. Erst neuerdings fängt sie an, etwas bekannter zu werden. Ich gestehe Ihnen, daß das Bekanntwerden mit diesen Denkern – besonders ergriffen haben mich Laotse und Mengtse – ein Erlebnis für mich war. Sie stehen uns viel näher als die indischen, weil sie sich nicht in anmaßender Welt- und Lebensverneinung bewegen, sondern mit dem Denken über die Welt ringen, um darin zu wirklich ethischer Frömmigkeit zu gelangen. Die chinesische Religiosität hat nicht nur, wie die brahmanische und die buddhistische, eine äußerliche Ähnlichkeit mit dem Evangelium Jesu, sondern sie ist ihm, weil von dem großen Gebot der Liebe bewegt, in vieler Hinsicht geistesverwandt.

In einem aber rückt sie uns ebenso fern wie die indische Religiosität, darin nämlich, daß sie einheitliche, in sich geschlossene, logische Welterkenntnis sein will. Insoweit als die chinesischen Denker ethisch sind, idealisieren sie die in der Welt wirkenden natürlichen Kräfte und legen ihnen ethischen Charakter bei. Insoweit sie die Wirklichkeit zu nehmen wagen, wie sie ist, müssen sie die Flamme der Ethik herunterschrauben, bis sie zuletzt nur noch ganz trübe brennt. Sie sind in ihrem Monismus gefangen; sie rennen der Illusion nach, als ob Religion sich aus Erkenntnis der Welt rechtfertigen könne. Wenn sie den Sinn der Welt nicht als Walten der Kräfte der

Liebe begreifen können, kommen sie zu einer kalten Religion, wenn nicht zum Skeptizismus. So gibt es auch chinesische Denker, die sagen: Der Sinn der Welt ist, daß wir in Erwartung des unvermeidlichen Todes das Leben genießen. Der bekannteste unter ihnen ist Yangtse, etwa aus dem vierten Jahrhundert v. Chr.

Wir aber haben die Illusion aufgegeben, als könne lebendige und ethische Religion logisches Ergebnis des Welterkennens sein. Es ist uns gewiß, daß wir unser Wissen von Gott, der ethische Persönlichkeit ist, nicht aus der Welt gewinnen können. Dem furchtbaren Rätsel, das uns die Welt bietet, ins Auge schauend, ringen wir danach, nicht an Gott irre zu werden. Wir wagen uns einzugestehen, daß die in der Natur waltenden Kräfte in so mancherlei Weise anders sind, als wir es in einer auf einen vollkommenen guten Schöpferwillen zurückgehenden Welt erwarten würden. Wir wagen uns einzugestehen, daß uns in der Natur und in uns selber so viel entgegentritt, das wir als böse empfinden. Viel tiefer als die Frommen Chinas empfinden wir, was Sünde ist, viel tiefer als sie, daß Gott nicht erkannt werden könne, sondern im Glauben, der da spricht „Dennoch bleibe ich stets bei dir", erfaßt werden müsse. Zu den Brahmanen und zu Buddha sagten wir: Religion ist mehr als welt- und lebenverneinender Pessimismus. Zu den Frommen Chinas sagen wir: Religion ist mehr als ethischer Optimismus. Zu beiden miteinander: Religion ist nicht eine Erkenntnis des Göttlichen, die uns in der Betrachtung der Natur aufgeht. Gott ist für uns noch etwas anderes als das Geistige, das dieser Welt zugrunde liegt. Monismus und

Pantheismus, mögen sie auch noch so tief und noch so fromm sein, führen nicht in das letzte Rätsel der Religion hinein. Das Rätsel der Religion ist, daß wir Gott in uns anders erleben, als er uns in der Natur entgegentritt. In der Natur erfassen wir ihn nur als unpersönliche Schöpferkraft, in uns aber als ethische Persönlichkeit.

Den rätselhaften Zwiespalt zwischen Gott und der Welt, den wir so in uns erleben, nehmen wir mit in unsere Religion hinein, wie Jesus es auch in seinem Evangelium tut. Die einheitliche logische Frömmigkeit der Brahmanen und Buddhas und der religiösen Denker Chinas lassen wir als eine Naivität hinter uns. Sie entspricht nicht der Wirklichkeit außer uns und in uns ...

Nun kehren wir nach Indien zurück und beschäftigen uns mit dem Hinduismus. Mit ihm haben es die Missionare in Indien hauptsächlich zu tun. Er ist es auch, der sich anschickt, in der Welt überhaupt als die dem Christentum überlegene Frömmigkeit aufzutreten.

Was ist nun der Hinduismus eigentlich? Welches ist sein Verhältnis zum Brahmanismus und zum Buddhismus?

Der Hinduismus ist eine volkstümliche, religiöse Bewegung, die neben dem brahmanischen Denken, aber doch mehr oder weniger in Abhängigkeit von ihm, aufkommt. Seine Anfänge reichen etwa bis ins neunte Jahrhundert v. Chr. zurück. Er entsteht aus Sekten, die die denkende Religiosität der Brahmanen in die bisher davon unberührte Frömmigkeit der niederen Kasten hineintragen und auch diesen den Weg der Erlösung gangbar machen wollen. Zugleich aber bedeutet der Hinduismus ein

Suchen nach Religiosität, die lebendiger ist und das Herz mehr befriedigt als die der Brahmanen und Buddhas. Diese lebendigere Frömmigkeit will nun nicht, wie die brahmanische und die buddhistische, neben dem überlieferten Götterglauben einhergehen, sondern sie sucht sich in ihn hineinzudenken und ihn damit zu veredeln.

Darum ist der Hinduismus die volkstümliche Religion Indiens. Als der Buddhismus sich in Indien ausbreitete, widerstand ihm der Hinduismus und überwand ihn zuletzt. Als die islamitischen Eroberer, etwa von Tausend n. Chr. ab, in Indien einbrachen, wollten sie auch hier, wie in Persien, ihre Religion mit Waffengewalt zur Herrschaft bringen. Es gelang ihnen aber nicht. Nebeneinander existierend vertrugen sich beide Religionen und beeinflußten sich gegenseitig. Bekannt ist der Versuch Akbars des Großen (1542 bis 1605), des mohammedanischen Herrschers von Delhi, aus dem Hinduismus, dem Islam und der Religion Zarathustras, mit Zuziehung des Christentums, das er durch portugiesische Missionare kennengelernt hatte, eine Universalreligion zu schaffen. Seine Gründung hatte keinen Bestand. Der Hinduismus ist Polytheismus, der das Bestreben in sich trägt, ethischer Monotheismus zu werden, aber doch den entscheidenden Schritt nicht wagt. Er unternimmt es nicht, den Polytheismus außer Kraft zu setzen. Sein Verfahren besteht darin, daß er eine der höchsten Gottheiten, gewöhnlich Vishnu oder Krishna, in gewisser Art zum universellen Gott erhebt, der alle anderen Gottheiten in sich begreift. Wo er also mit monotheistischen Religionen in Diskussion ist, tritt der Hinduismus als monotheistisch auf. Dem gewöhnlichen Volk aber gibt er sich als Polytheismus.

Sie fragen mich: Wie bringen es die Hindus fertig, zugleich monotheistisch und zugleich polytheistisch zu denken? Nun, sie sind nicht so schwerfällig wie wir. Sie sagen: Alle Götter, die das gewöhnliche Volk verehrt, sind nur Erscheinungsformen des höchsten Gottes. In ihnen allen ist er einmal aufgetreten. Wer sie verehrt, bringt also in ihnen dem höchsten und einzigen Gott Anbetung dar.

Diese relativistische Betrachtungsweise ist bequem, aber sehr bedenklich. Der Monotheismus ist dabei stets in Gefahr, dem Polytheismus zu erliegen. Er gleicht einem Menschen, der mit einem Löwen in einem Käfig zusammen eingesperrt ist. Tatsächlich wird der Monotheismus im Hinduismus vom Polytheismus auch stetig in die Tiefe gezogen. Das allerbedenklichste ist, daß der Hinduismus sogar ganz unmoralische polytheistische Kulte in sich duldet.

Man muß also unterscheiden zwischen dem Hinduismus der denkenden Hindus und dem des gewöhnlichen Volkes. Wir könnten zu den Vertretern des Hinduismus sagen„Werdet erst einmal mit dem Götzendienst fertig, den ihr in eurer Religion mitführt, und dann kommt und diskutiert mit uns." Aber lassen wir dies für jetzt. Sehen wir den idealisierten, heute schon teilweise für Europa zurechtgemachten Hinduismus für den wirklichen an und versuchen wir seinen religiösen Ideen gerecht zu werden und sie mit dem Maße der höchsten geistigen und ethischen Religionen zu messen. Der Hinduismus ist eine Reaktion gegen die Starrheit und Kälte der brahmanischen Religiosität. Er will sich nicht darein ergeben, daß Gott nur das reine, unpersönliche, geistige Sein sein soll, sondern er hat das Bedürfnis, sich das höchste, geistige Wesen zugleich als Persönlichkeit vorzustellen. Theismus und Pantheismus sucht er ineinander zu denken. Dementsprechend faßt er auch das Verhältnis Gottes zur Welt lebendiger auf, als die Brahmanen und Buddha es tun. Gott ist ihm nicht nur der Seinsgrund der Welt, sondern ein Wesen, das die Welt liebt. Damit ist auch ein viel lebendigeres, religiöses Verhältnis des Menschen zu Gott gegeben als bei den Brahmanen und Buddha. Wohl ist auch dem Hinduismus Religion zuletzt das Versinken und Ersterben in Gott. Aber zugleich will er dieses Aufgehen in ihm als liebende Hingebung an ihn erfassen. In klassischer Weise kommen diese tiefen und lebendigen Regungen des Hinduismus in der berühmten Bhagavadgita – das heißt „Gesang von dem Hohen" – zum Ausdruck. Die Bhagavadgita ist ein religiös-philosophischer Gesang in dem großen alt-indischen Epos Mahabharata.[8] Sie berichtet, wie Gott Krishna dem Helden Arjuhna erschien und ihm Offenbarung zuteil werden ließ. In diesem Gesang sagt der höchste Gott von sich:

„Ich bin die Seele, die in der Tiefe aller Wesen weilt, ich bin der Anfang der Wesen, bin ihre Mitte, bin ihr Ende ... Ich bin unter den Lichtern die strahlende Sonne, ich bin unter den Gestirnen der Mond ... Ich bin für die ganze Lebewelt der Ursprung und auch der Untergang ... Ich bin das Unsterbliche und der Tod, bin das Seiende und das Nichtseiende ...

Wer die Erkenntnis besitzt, der geht am Ende vieler Geburten bei mir ein ... Mir gib deinen Sinn hin, in mich vertiefe deinen Geist, so wirst du bei mir Wohnung nehmen nach diesem Dasein ...

Höre noch weiter von mir das allergeheimste, höchste Wort. Ich liebe dich gar sehr, darum will ich sagen, was zu deinem Heile dienet. An mich denke, mir hänge an, mir huldige, mich verehre, und du wirst zu mir gelangen, ich verspreche es dir wahrhaftig, denn du bist mir lieb. Laß alle Satzungen dahinten, nimm zu mir allein deine Zuflucht, ich werde dich von allem Übel erlösen, trauere nicht ..."

Weil er versucht, Gott als ethische Persönlichkeit und Religion als liebende Hingebung an ihn zu begreifen, kann der Hinduismus manchmal geradezu in christlichen Worten reden. Tatsächlich ist sein Bestreben, sich zur ethischen Religion zu entwickeln, auch durch den Einfluß des Christentums angeregt worden, mehr als er sich dies eingestehen will. Seit dem sechzehnten Jahrhundert ist er mit ihm in Berührung. In den letzten hundert Jahren haben hervorragende Denker des Hinduismus seine an die Religion der Liebe anklingenden Gedanken unverkennbar viel entschiedener formuliert, als es vordem geschah. Ja, manche von ihnen haben geradezu eine Verschmelzung von Hinduismus und Christentum angestrebt. Ohne das Evangelium Jesu wäre der Hinduismus nicht, was er heute ist oder sein will.

Von ethischen Gedanken bewegt, hat der Hinduismus auch das Bestreben, Religion der Tat zu werden. Er predigt dem Menschen nicht nur, wie die Brahmanen und

Buddha, Vollendung durch Weltflucht, sondern versucht, ihn auch zur Übung der Liebe anzuhalten. Wie Sie wissen, nimmt der Hinduismus die schweren sozialen Mißstände in Indien, wie zum Beispiel die trostlose Stellung der Witwen, nicht mehr einfach hin, wie Brahmanismus und Buddhismus es taten, sondern er interessiert sich für die Wirklichkeit und versucht, wenn auch zaghaft, Reformen.

Wie ist also der Hinduismus nach den höchsten Gedanken, die sich in ihm regen, beurteilt? Eine Reaktion gegen die absolute pessimistische Welt- und Lebensverneinung der brahmanischen und der buddhistischen Religiosität und ein Versuch, aus totem Monismus und Pantheismus sich zur Vorstellung eines persönlichen, zugleich lebendigen, ethischen Gottes zu erheben. Um lebendige, ethische Religion zu werden, gibt der Hinduismus aber die Einheitlichkeit und Geschlossenheit des brahmanischen und des buddhistischen religiösen Denkens auf. Er denkt Gedanken aneinander, um zu wertvollen Resultaten zu kommen. In jeder Hinsicht ist er Kompromißreligiosität. Polytheismus und Monotheismus, Pantheismus und Theismus, intellektualistische Mystik und Herzensfrömmigkeit, geistige Religion und populäre Kultreligion: dies alles will er, ohne sich in die Evidenz der Unvereinbarkeit zu ergeben, zur Einheit zusammenbringen. Er lebt von Unklarheiten und Halbheiten. Darin besteht seine Stärke, darin auch seine Schwäche.

Aber ausgesprochen ethische Religion zu werden vermag der Hinduismus nicht. Dies würde ja den Bruch mit dem Polytheismus bedeuten. Er vermag es auch darum nicht, weil er letzten Endes doch keine andere Weltanschauung an Stelle der brahmanischen zu setzen vermag. Sowie er, ob in seinen älteren oder in seinen modernen Vertretern, konsequent zu denken vermag, fällt er in sie zurück. Seine Bewegungsfreiheit, sich von ihm zu entfernen, ist nur gering. Er trägt die Kette am Fuße, wenn er sie auch zu verdecken sucht.

Dies wird in der Bhagavadgita offenbar. In dem Augenblick, wo er das Zeichen zur Schlacht geben will, wird hier erzählt, kommen dem Helden Arjuhna plötzlich Bedenken, ob er auch wirklich Menschen töten darf. Da erscheint ihm der höchste Gott und hat ein langes Gespräch mit ihm. Im Verlauf desselben erklärt er ihm, daß bei einer Handlung zuletzt alles darauf ankomme, in welcher Gesinnung sie getan werde, nicht worin sie bestehe. Würde er, der Held, sich mit unbefangener Lust am Töten in die Schlacht stürzen, so würde er übel tun. Aber wenn er überlegte, daß alles, was geschehe, auch Kämpfen und Töten, ein Ereignis sei, das Gott durch uns eintreten lasse, dann seien die Bedenken hinfällig. Die Weisheit besteht darin, daß man sich klar mache, wie alles, was ist, in Gott ist und alles, was sich ereignet, sich in Gott ereignet. Es komme also nur darauf an, daß der Mensch sich in allem seinem Tun bewußt werde, es als ein von Gott gewolltes Geschehnis in Hingebung an Gott zu vollbringen. Dann stehe er als in Gott seiend über Gut und Böse. Wenn also Arjuhna überlege, daß die ihm gegenüberstehenden Feinde von Gott zum Tode bestimmt seien, und er nur vollführe, was Gott vorhabe, so dürfe er ruhigen Herzens seinen Kampfwagen besteigen und Speer und Schwert gebrauchen. Froh dieses Bescheides gibt der Held das Zeichen zur Schlacht.

In dieser berühmten Stelle entscheidet sich das Schicksal des Hinduismus als ethische Religion. Er wagt es nicht, den Gedanken des ethischen Gottes mit Entschlossenheit zu denken. In dem großen Problem, wieso Gott als die in allen Geschehnissen der Welt wirkende Kraft und zugleich als Gott der Liebe, der uns nur ein Tun in Liebe erlaubt, begriffen werden könne, fällt der Hinduismus aus der ethischen Religion in die unethische oder, besser gesagt, überethische zurück. Statt die Konsequenzen der ethischen Religion auf sich zu nehmen, rettet er sich in die hohlen Erwägungen eines sophistischen Pantheismus.

Die Religion, sagte ich Ihnen, ist das Suchen nach Antwort auf die Frage, wie der Mensch zugleich in der Welt und zugleich in Gott sein könne. Darauf antworten der Brahmanismus und der Buddhismus: Indem er der Welt und dem Leben abstirbt, denn Gott ist reine Geistigkeit. Der Bescheid des Hinduismus lautet: Indem er alle Dinge als von Gott gewollt tut, denn Gott ist die Kraft, die alles wirket in allem. Indem der Hinduismus so Gott und Welt zusammenlegt, verwischt er den Unterschied von Gut und Böse, den er sonst elementar und lebendig empfindet. Was treibt ihn dazu? Der Wunsch, Religion zu sein, die alles erklärt, in sich einheitliche, aus logischem Denken über die Welt hervorgegangene Religion zu sein.

Diejenigen unter Ihnen, die in Indien mit dem Hinduismus zu tun haben, sind vielleicht erstaunt darüber, daß ich in der Auseinandersetzung mit ihm mich so wenig bei seinem Paktieren mit Aberglauben und niederer Religiosität und seinen anderen Schwächen aufhalte, sondern alles so einseitig auf die Frage hinausspiele, inwieweit er die Energie hat, wirklich ethisch sein zu wollen. Ich tue es mit Bedacht. In dieser Frage liegt die Entscheidung. In ihr tut sich der Gegensatz nicht nur zwischen Christentum und Hinduismus, sondern zwischen Christentum und der ganzen östlichen Religiosität auf, die uns in diesen Stunden beschäftigt hat. Die Superiorität, mit der ihre Vertreter uns entgegentreten, ob es sich um die Brahmanen, oder Buddha, oder Laotse und Tschuangtse, oder die alten und modernen Denker des Hinduismus handelt, besteht darin, daß diese Religionen aus Denken über die Welt geboren sein wollen und sind. Sie sind religiöse Naturphilosophie, sei es pessimistische, sei es optimistische. Darin liegt ihre Stärke. Darin auch der stetig wachsende Reiz, den sie auf uns Abendländer ausüben. Sie lassen uns ihr Selbstbewußtsein fühlen, diese logischen Religionen! Wer von Ihnen in Indien oder China arbeitet, weiß etwas davon. Und in den Menschen und den Büchern, die von Osten zu uns kommen, macht es sich so stark bemerkbar, daß es uns fast einschüchtert.

Als Denken über die Welt sind diese Religionen unangreifbar. Alle religiöse Naturphilosophie geht irgendwie dieselben Wege wie die östliche, ob in pessimistischer oder in optimistischer Richtung. Wie nahe berühren sich die Stoiker, die Gnostiker, Spinoza und die Vertreter der spekulativen deutschen Philosophie in ihren letzten Gedanken mit dem religiösen Denken des Ostens.

Aber die Religion hat nicht nur die Welt zu erklären. Sie hat auch darauf zu antworten, was ich mit meinem Leben will. Das letzte Maß, das an sie gelegt werden muß, ist, ob sie wahrhaft und in lebendiger Weise ethisch ist oder nicht. In dieser entscheidenden Probe versagen die logischen Religionen des Ostens. Sie ringen darum, sie recken ihre Gedanken danach aus. Aber zuletzt sinken sie erschöpft zurück. Der Zweig des Baumes, den sie herunterzogen, bricht ihnen in der Hand ab und schnellt empor, ohne daß es ihnen gelang, die Frucht, die sie pflücken wollten, zu fassen.

Die Stelle aus der Bhagavadgita, die ich mit Ihnen berührte, ist mit Recht berühmt. Hier stehen wir im Mittelpunkte des tragischen Kampfes, den die logischen Religionen um das Ethische führen. Hier wird mit grausiger Deutlichkeit offenbar, wie sie es zuletzt nur in Worten retten, in Wirklichkeit aber preisgeben.

Logisches Denken über das Wesen der Welt kann nicht zum Ethischen gelangen. Ich habe Sie in die inneren Kämpfe, die sich im religiösen Denken des Ostens abspielen, Einblick nehmen lassen. Sie haben bemerkt, daß, je logischer und konsequenter es ist, desto geringer auch sein Gehalt an Ethik. Laotse und Chwangtse (Tschuangtse) sind viel konsequentere Denker als Kungtse (Confucius) und Mengtse, aber ihre Welt- und Lebensanschauung ist dementsprechend weniger ethisch.

An dieser Biegung der Straße erwarten wir die östlichen Religionen. Hier sprechen wir das entscheidende Wort mit ihnen. Ihre stolze Attitüde kann uns nicht mehr einschüchtern. Und das entscheidende Wort sprechen wir nicht als Verteidiger einer überlieferten Religion, sondern selber als religiöse Denker, die die Tiefe ihrer naiv auftretenden Religion auf ihren entscheidenden Ausdruck bringen.

Jede denkende Religion hat zu wählen, ob sie ethische Religion sein will, oder Religion, die die Welt erklärt. Wir Christen wählen das erstere als das Wertvollere. Die logische, in sich geschlossene Religiosität geben wir preis. Auf die Frage: Wie kann ich zugleich in der Welt und zugleich in Gott sein? antwortet das Evangelium Jesu: Indem du in der Welt lebst und wirkest als einer, der anders ist als die Welt ...

Damit sind die Brücken des gewöhnlichen logischen Denkens abgebrochen. Der Weg führt in das Land der Naivität, der Paradoxie. Aber wir gehen ihn entschlossen und zuversichtlich. Wir halten an der absolut und tief lebendig ethischen Religion fest, als an dem einen, was not tut, mag die Welterklärung darüber auch in Trümmer gehen. In dem, was an dem Christentum als naiv erscheint, liegt seine Tiefe.

Es gibt zwei Arten von Naivität: eine, die noch nicht alle Probleme überblickt und noch nicht an alle Pforten des Wissens angeklopft hat, und eine andere, höhere, die so entsteht, daß das Denken in alle Probleme hineingeschaut, bei allem Wissen und Erkennen Rat geholt hat und dann einsieht, daß wir nichts erklären können, sondern Überzeugungen folgen müssen, die sich uns durch ihren inneren Wert aufdrängen.

Mit den logischen Religionen des Ostens verglichen ist das Evangelium Jesu unlogisch. Es setzt einen Gott voraus, der als ethische Persönlichkeit gewissermaßen außerhalb der Welt steht. In der Beantwortung der Fragen, wie sich diese ethische Persönlichkeit zu den in der Welt wirkenden Kräften verhält, kommt es aus den Unklarheiten nicht heraus. Es muß daran festhalten, daß Gott der Inbegriff aller in der Welt wirkenden Kräfte ist, das heißt, daß alles, was ist, in Gott ist. Im letzten Grunde also kann auch es nicht anders als monistisch und pantheistisch denken. Zugleich aber ergibt es sich nicht darein, daß Gott nur der Inbegriff der in der Welt wirkenden Kräfte sein soll. Denn der Gott des Monismus und des Pantheismus – der Gott des natürlichen Denkens über die Welt – ist unpersönlich und hat keinen ethischen Charakter. Darum nimmt das Christentum alle Schwierigkeiten des Dualismus auf sich, ist ethischer Theismus und erfaßt Gott als einen Willen, der anders ist als die Welt und der mich zwingt, anders zu sein als die Welt.

Immer wieder, in den Jahrhunderten seines Bestehens, sucht es die aus dem natürlichen Denken kommende und die ethische Vorstellung von Gott miteinander in Einklang zu bringen. Nie gelingt es ihm. Ungelöst trägt es den Zwiespalt von Monismus und Dualismus, von logischer und ethischer Religion in sich.

Auch in der Frage pessimistisch oder optimistisch gelangt es zu keiner Entscheidung. Pessimistisch ist es nicht nur, weil es sich, wie der Brahmanismus und der Buddhismus, davon Rechenschaft gibt, daß Unvollkommenheit, Weh und Leid zum Wesen der natürlichen Welt gehören, sondern auch noch, und noch viel mehr, weil es in dem Menschen ein Wollen findet, das dem Wollen des ethischen Gottes nicht entspricht und darum böse ist.

Optimistisch wiederum ist es, weil es diese Welt nicht preisgibt, sich nicht, wie der Brahmanismus und der Buddhismus, in Welt- und Lebensverneinung von ihr zurückzieht, sondern den Menschen in die Welt hineinstellt und ihm befiehlt, darin im Geiste des ethischen Gottes zu leben und zu wirken, und ihm die Gewißheit gibt, daß sich darin die Bestimmung erfüllt, die Gott der Welt und dem Menschen gesetzt hat. Wie dies vorzustellen sei, kann es freilich nicht erklären. Denn was bedeutet in dem unendlichen Weltgeschehen das ethische Sein und das ethische Tun des frommen Menschen? Was richtet es darin aus? Gestehen wir, daß wir darauf keine Antwort wissen als nur die, daß der Wille Gottes damit erfüllt wird.

Alle Probleme der Religion gehen zuletzt auf eines zurück: daß ich Gott in mir anders erlebe, als ich ihn in der Welt erkenne. In der Welt tritt er mir als rätselhafte, wunderbare Schöpferkraft entgegen; in mir offenbart er sich als ethischer Wille. In der Welt ist er unpersönliche Kraft, in mir offenbart er sich als Persönlichkeit. Der Gott, der in dem Denken über die Welt erkannt wird, und der, den ich als ethischen Willen erlebe, lassen sich nicht zusammenbringen. Beide sind eins; aber wie sie es sind, verstehe ich nicht. Welches aber ist die entscheidende Erkenntnis Gottes? Die, die ich als ethischen Willen erfahre. Unsere Erkenntnis Gottes aus der Natur ist immer unvollkommen und inadäquat, weil wir die Dinge in der Welt nur von außen erschauen. Ich sehe den Baum wachsen, grünen und blühen. Aber die Kräfte, die dies bewirken, verstehe ich nicht. Ihre formende Fähigkeit bleibt mir rätselhaft.

In mir aber erkenne ich die Dinge von innen. In mir offenbart sich die schöpferische Kraft, die alles, was ist, hervorbringt und erhält, in einer Art, wie ich sie sonst nicht erkenne, als ethischer Wille, als etwas, das in mir schöpferisch sein will. Dieses erlebte Geheimnis ist für mein Denken, Wollen und Verstehen entscheidend. Daraufhin darf ich alle Geheimnisse der Erkenntnis der Welt und meines Seins in ihr zuletzt als ungelöst und unlösbar dahingestellt sein lassen. Mein Leben ist vollständig und sicher durch das eine, in mir erlebte Geheimnis bestimmt, daß Gott als ethischer Wille sich in mir offenbart und von meinem Leben Besitz ergreifen will.

Lassen Sie mich ein Gleichnis gebrauchen. Es gibt einen Ozean. Kaltes Wasser, unbewegt. In dem Ozean aber ist der Golfstrom, heißes Wasser, das vom Äquator zum Pole fließt. Fragen Sie alle Gelehrten, wie es physikalisch vorstellbar ist, daß zwischen den Wassern des Ozeans, wie zwischen zwei Ufern, ein Strom heißen Wassers fließt, bewegt in dem Unbewegten, heiß in dem Kalten. Sie können es nicht erklären. So ist der Gott der Liebe in dem Gott der Weltkräfte eins mit ihm, und doch so ganz anders als er. Von diesem Strome lassen wir uns ergreifen und dahintragen.

Gewiß, auch das Christentum sucht immer noch möglichst viel zu erklären. Für die ersten Christen bestand die Lösung darin, daß Gott diese natürliche Welt bald in die vollkommene des Reiches Gottes verwandeln würde. Mit brennender Sehnsucht warteten sie darauf, in dieser

Art Gott und Welt in Harmonie miteinander zu sehen und in der Welt seiend zugleich vollkommen in Gott zu sein. Ihre Hoffnung ging nicht in Erfüllung. In den Ereignissen, in denen die Welt ihren gewöhnlichen Gang weiterging, sprach Gott zu ihnen: „Meine Gedanken sind nicht eure Gedanken."

Seither haben die Christen immer wieder versucht, das Christentum zu einer Lehre zu machen, in der das Walten des ethischen Gottes und der natürliche Weltverlauf miteinander in Einklang gebracht werden. Nie gelang es. Immer aufs neue untergrub die Wirklichkeit die vom Glauben aufgestellten Theorien, wie eine unheimliche Flut den Damm bespült, bis nichts mehr von ihm da ist.

So hat das Christentum ein Stück nach dem andern von der Welterklärung, die es noch zu besitzen glaubte, drangeben müssen. Damit wird es immer mehr, was es seinem Wesen nach ist. In einem gewaltigen Vergeistigungsprozeß geht es aus der naiven Naivität immer weiter in die tiefe Naivität hinein. Je mehr Erklärungen seinen Händen entfallen, desto mehr erfüllt sich an ihm die erste Seligpreisung: „Selig sind, die da geistig arm sind." Sie ist prophetisch für es.

Wenn das Christentum sich auf sein innerstes Wesen besinnt, erfaßt es sich als Frömmigkeit aus innerer Nötigung. Die höchste Erkenntnis ist, daß alles, was uns umgibt, Geheimnis ist. Kein Wissen und kein Hoffen kann unserem Leben Halt und Richtung geben. Nur in der Tatsache, daß wir uns von dem ethischen, sich in uns offenbarenden Gott ergreifen lassen und unser Wollen in seines dahingeben, empfängt es seine Bestimmtheit.

Alle tiefe Religion ist Mystik. Durch Sein in Gott aus der Welt erlöst sein: dies ist das Sehnen, das in uns ist, solange wir uns nicht in Gedankenlosigkeit betäuben. Aber das Sein in Gott, das in einem intellektuellen Erkenntnisakt zustande kommt, wie in den östlichen Religionen, bleibt immer eine tote Geistigkeit. Es wirkt nicht Wiedergeburt in Gott zu lebendiger Geistigkeit. Lebendige Geistigkeit, wahre Erlösung aus der Welt, kommt nur aus dem ethisch bestimmten Sein in Gott. Die Religionen des Ostens sind logische Mystik, das Christentum allein ethische Mystik.

So wandern wir durch die Welt, um Erkennen unbekümmert, selbst das, was wir für uns und die Welt erhoffen, Gott einheimstellend, alles in allem besitzend in dem Ergriffensein von dem lebendigen Gott.

Die ersten Christen erwarteten das Reich Gottes in Bälde, als eine totale Umgestaltung der natürlichen Welt in eine vollkommene. Wir sind bescheidener geworden. Nicht mehr dehnen wir das Reich Gottes aus auf die Welt. Wir beschränken es auf die Menschheit und erwarten es als das Wunder, in dem der Geist Gottes sich alle menschliche Gesinnung unterwirft. Die Generationen vor uns wollten und konnten glauben, daß sich dieses Wunder in einer stetigen, langsamen Entwicklung auswirke. Wir aber, in all dem grausigen und sinnlosen Geschehen, das wir erlebt haben und noch erleben, fühlen uns, wie durch eine furchtbare Welle, weit von dem Hafen des Reiches Gottes zurückgeworfen und müssen gegen Sturm und Flut daraufzu rudern, ohne die Gewißheit zu haben, voranzukommen. So nimmt Gott auch uns, wie die ersten Christen, in die furchtbare Schule des Wortes: „Meine Gedanken sind nicht eure Gedanken." Er verlangt von uns das Schwere, daß wir dem Reiche Gottes treu sind als solche, die nicht sehen und doch glauben. Wir vermögen es, wenn wir von ihm ergriffen sind.

Wenn Sie das Evangelium verkündigen, hüten Sie sich, es als die Religion zu predigen, die alles erklärt. Es wird bei Ihnen in England sein wie bei uns auf dem Festland, daß nämlich die Menschen zu Tausenden und Tausenden an dem Christentum irre geworden sind, weil sie die Greuel des Krieges gesehen und erlebt haben. Vor diesem Unerklärlichen ist die Religion, in der sie Erklärung für alles zu besitzen glaubten, zusammengebrochen.

Zehn Jahre lang habe ich, vor meinem Weggang nach Afrika, den Knaben der Kirche zu St. Nicolai in Straßburg Konfirmandenunterricht erteilt. Nach dem Kriege kamen welche zu mir und dankten mir, daß ich sie so bestimmt gelehrt hätte, daß Religion nicht etwas sei, das alles erkläre. Dadurch seien sie davor bewahrt worden, im Schützengraben, wie so viele, die auf das Unerklärliche nicht vorbereitet waren, das Christentum von sich zu werfen. Wenn Sie predigen, führen Sie den Menschen aus dem Alles-erkennen-Wollen zu dem einen, was not tut, zu dem Wollen des Seins in Gott, durch das wir anders werden als die Welt und, als aus der Welt Erlöste, über allen Rätseln stehen. Zeigen Sie ihnen die Worte: „Wenn ich nur dich habe, so frage ich nichts nach Himmel und Erde" und „Denen, die Gott lieben, müssen alle

Dinge zum Besten dienen", als die Spitzen des Ararat, auf den sie flüchten können, wenn die Flut des Unbegreiflichen alles überschwemmt.

Fast muß ich befürchten, zu einseitig geworden zu sein und in zu philosophischer Weise von dem Christentum und seiner Auseinandersetzung mit den Weltreligionen gesprochen zu haben. Verzeihen Sie mir. Ich folge darin meiner Überzeugung. Als die tiefste Religion ist mir das Christentum zugleich die tiefste Philosophie.

Um sich mit den Weltreligionen auseinanderzusetzen, muß das Christentum denselben in der ganzen Tiefe seiner Schlichtheit entgegentreten. Jenem logisch-religiösen Denken gegenüber darf es sich nicht einfach als historische Offenbarung geben. Dies ist eine gefährliche Verschanzung. Gegen logisch-religiöses Denken vermag es nur etwas, wenn es sich als das tiefere und religiösere Denken, das es ist, erweist. Nicht nur auf die historische, sondern zugleich auf die ihr entsprechende und sie fortwährend bestätigende innerliche Offenbarung muß es sich berufen. Es hat zu zeigen, daß sein Verzicht, logisch geschlossene Erkenntnis zu sein, denknotwendig ist, daß die Widersprüche und die Unfertigkeit, in denen es verharrt, nicht Denkfehler sind, sondern unvermeidliche Unvollendetheit des Denkens, das in die Tiefe der Dinge geht. Die Alternative: logische oder ethische Religion muß es mit klarer Entschiedenheit stellen und darauf bestehen, daß das Ethische die höchste und einzig lebendige Geistigkeit ist. So sich als die Religion gebend, die durch alle Erkenntnisse hindurchgeht und über alle Erkenntnisse hinausgeht und damit zu dem lebendigen ethischen

Gott gelangt, der aus der Welt nicht erkennbar ist, sondern sich nur im Menschen offenbart, redet das Christentum in der ganzen Macht der Wahrheit, die in ihm ist.

Mit diesen reinen Waffen des Geistes kämpfen Sie, wo das Christentum durch Sie sich vor den anderen Weltreligionen verantwortet.

Und tun Sie es mit Sanftmut. Tiefe Wahrheit tritt nicht anspruchsvoll auf. Zudem: Schwere Demütigung wartet unser aller, die wir draußen das Evangelium predigen. „Wo ist denn eure ethische Religion?" fragen sie uns, ob es Primitive des Urwaldes sind oder Gebildete des fernen Ostens. Was das Christentum als Religion der Liebe geleistet hat, gilt als ausgelöscht dadurch, daß es nicht stark genug war, die christlichen Nationen zur Friedfertigkeit zu erziehen, und daß es im Kriege selber sich noch mit so viel weltlicher und häßlicher Gesinnung vergesellschaftete, ja heute noch sich noch nicht von ihr losgerissen hat. In grausiger Weise ist es dem Geiste Jesu untreu geworden. Wo wir draußen das Evangelium predigen, streiten wir von dieser traurigen Tatsache nichts ab und beschönigen nichts. Wir sind so tief gefallen, weil wir es uns zu leicht vorstellten, den Geist Jesu zu besitzen. Nun soll ein ernsteres Ringen um denselben angehen.

Heute draußen das Evangelium verkündend, sind wir Vorposten einer Armee, die eine Niederlage durchgemacht hat und erst wieder tüchtig werden muß. Aber wir wollen mutige Vorposten sein. Kein Irren und keine Untreue von Menschen kann dem Evangelium Jesu die Wahrheit nehmen, die es in sich trägt. Und wenn nur an uns selber, in wahrhaftigem Anders-Sein als die Welt, etwas von dem Ergriffensein durch den lebendigen ethischen Gott offenbar wird, dann geht Wahrheit Jesu von uns aus.

Ein Wort der Schrift hat für uns einen besonderen Klang. Es ist Pauli, des Heidenapostels, Spruch: „Das Reich Gottes stehet nicht in Worten, sondern in Kraft." Er gibt uns Demut und auch Freudigkeit ins Herz.

Nachdem wir so miteinander, in gemeinsamer Sammlung, unsere Gedanken auf das Werk, das wir treiben, gerichtet haben, ziehen wir zum Wirken hinaus, einer hierhin, der andere dorthin. Räumlich getrennt, sind wir im Geiste verbunden als solche, die in Gottes Willen eingehen wollen und ihren Beruf darin sehen, die Sehnsucht, solches zu erleben, in Menschen anzufachen.

Das Problem der Ethik
in der Höherentwicklung des menschlichen Denkens

Das, was wir nach einem dem Griechischen entlehnten Wort *Ethik* und nach einem dem Lateinischen entnommenen *Moral* nennen, besteht ganz allgemein in dem rechten menschlichen Verhalten. Nicht nur unser eigenes, sondern auch der anderen Wohl, wie auch das der menschlichen Gesellschaft, hat uns zu beschäftigen.

Der erste Fortschritt in der Entwicklung der Ethik wird erreicht, wenn der Kreis der Solidarität mit anderen Menschen sich erweitert.

Für den Primitiven hat die Solidarität enggezogene Grenzen. Sie beschränkt sich auf seine Blutsverwandten im weiteren Sinne, das heißt auf die Mitglieder seines Stammes, die für ihn die Familie im Großen repräsentieren. Ich spreche aus Erfahrung. In meinem Spital habe ich solche Primitiven. Wenn ich einem nicht bettlägerigen Patienten aus dieser Gruppe kleine Dienste für einen Kranken auftrage, der das Bett hüten muß, wird er es nur tun, wenn dieser des gleichen Stammes ist wie er. Ist dies nicht der Fall, wird er mir treuherzig antworten: „Dieser ist nicht Bruder von mir." Weder durch Belohnung noch durch Drohung wird er sich bewogen fühlen, diesem Fremden einen Dienst zu leisten.

Sobald indessen der Mensch über sich und sein Verhältnis zu den anderen nachzudenken beginnt, wird er sich bewußt, daß der Mensch als solcher seinesgleichen und sein Nächster ist. Im Laufe einer allmählichen Entwicklung sieht er den Kreis seiner Verantwortlichkeit sich ausdehnen, bis er alle menschlichen Wesen, mit denen er in Beziehung kommt, in sich begreift.

Von dieser höher entwickelten ethischen Anschauung ließen sich leiten: die chinesischen Denker Lao-Tse, geboren 604 vor Christus, Kung-Tse (Konfuziu; 551 bis 479 v. Chr.), Meng-Tse (372–289 v. Chr.), Tschuang-Tse (4. Jahrhundert v. Chr.), die israelitischen Propheten Amos, Hosea und Jesaja (7. Jahrhundert v. Chr.). In der Verkündigung Jesu, wie in der des Apostels Paulus, ist der Gedanke, daß der Mensch jedem menschlichen Wesen verpflichtet ist, ein fundamentaler Grundsatz der Ethik.

Für die großen Denker Indiens, ob sie dem Brahmanismus, dem Buddhismus oder dem Hinduismus angehören, ist die Idee der Bruderschaft aller menschlichen Wesen in der metaphysischen Auffassung des menschlichen Seins gegeben. Es entstehen aber für sie Schwierigkeiten, sobald sie diese Vorstellung ihrer Ethik zur Geltung bringen wollen. Es gelingt ihnen nicht, die in Indien durch das Vorhandensein verschiedener Kasten geschaffenen Schranken zwischen den Menschen zu beseitigen.

Auch Zarathustra, der im 7. Jahrhundert v. Chr. in Baktrien (Ostiran) gelebt hat, kann nicht zu der Auffassung von der Brüderlichkeit aller Menschen gelangen, weil er einen Unterschied zwischen denen, die an Ahura-Mazda, den Gott des Lichts und des Guten, glauben, und denen, die es nicht tun, aufrechterhalten muß. Er fordert, daß die Gläubigen im Kampf für Ahura-Mazda diese Ungläubigen als Feinde betrachten und als solche behandeln. Um diese Haltung zu verstehen, muß man die Tatsache im Auge behalten, daß die Gläubigen die seßhaft gewordenen Stämme in Baktrien (Ostiran) waren, die als friedliche Ackerbauer zu leben begannen, während die Nichtgläubigen räuberische Nomaden blieben.

Plato wie auch Aristoteles und mit ihnen die anderen griechischen Philosophen der klassischen Epoche haben ein Verhältnis nur zu den freien griechischen Menschen, denen die Sorge um ihren Lebensunterhalt fremd ist. Wer nicht zu dieser Aristokratie zählt, gilt ihnen als ein Menschenwesen minderer Qualität, für das man sich nicht weiter zu interessieren hat.

Erst in der zweiten Epoche des griechischen Denkens, welche die Schule der Stoiker und der Epikuräer hervorgebracht hat, wird von den Vertretern beider Richtungen die Gleichheit aller Menschen und das Interesse, sich mit dem Menschen als solchem zu befassen, anerkannt. Der bemerkenswerteste Verkünder dieser neuen Anschauung ist der Stoiker Panätius aus dem 2. Jahrhundert vor Christus. Er ist der Prophet des Humanismus in der griechisch-römischen Welt.

Der Gedanke der Brüderlichkeit der Menschen wird in der Antike nicht volkstümlich. Doch ist die Tatsache, daß die Philosophie die Humanitätsgesinnung als eine von der Vernunft eingegebene Anschauung proklamiert, von großer Bedeutung für die Zukunft.

Allerdings hat die Erkenntnis, daß das menschliche Wesen als solches ein Recht auf unser Interesse habe, nie die völlige Autorität, auf die sie Anspruch hat, erlangt. Bis in unsere Tage hinein wird sie von Unterschieden der Rasse, der Religion und der Nationalität beeinträchtigt.

Die Fremdheit, die dadurch zwischen Menschen geschaffen wird, haben wir noch nicht überwunden.

Was die Höherentwicklung der Ethik angeht, muß der Einfluß, den die Art der Weltanschauung auf sie ausübt, in Betracht gezogen werden. Es besteht ja ein grundsätzlicher Unterschied in der Beurteilung dieser Welt. Die einen Weltanschauungen nehmen eine positive Haltung zu ihr ein. Sie legen den Dingen dieser Welt und der Existenz in ihr eine Bedeutung bei. Es gibt aber auch Weltanschauungen, die geringschätzig von der Welt denken. Sie empfehlen Teilnahmslosigkeit an allem, was sie betrifft. Die Weltbejahung stimmt mit unserem natürlichen Empfinden überein. Sie hält uns an, uns in dieser Welt heimisch zu fühlen und in ihr zu wirken. Die Weltverneinung ist unnatürlich. Sie mutet uns zu, in der Welt, der wir doch angehören, als Fremdlinge zu leben und einer Tätigkeit in ihr keinen Sinn zuzuerkennen.

Ihrem Wesen nach ist die Ethik weltbejahend. Sie will im Sinne des Guten tätig und wirksam sein. Daraus ergibt sich, daß die Bejahung der Welt günstigen Einfluß auf die Höherentwicklung der Ethik hat, während diese in der Weltverneinung Mühe hat zu gedeihen. Im ersten Fall kann sie sich so geben, wie sie ist, im zweiten wird sie unnatürlich.

Die Weltverneinung ist von den Denkern Indiens und vom Christentum der antiken Welt und des Mittelalters gelehrt worden. Für Weltbejahung traten ein die chinesischen Denker, die Propheten Israels, Zarathustra und die europäischen Denker der Renaissance und der modernen Zeit.

Für die indischen Denker ergibt sich die negative Einstellung zur Welt aus ihrer Überzeugung, daß das wahre Sein immateriell, unveränderlich und ewig ist, während das Wesen der materiellen Welt künstlich, trügerisch und vergänglich ist. Die Welt, die wir uns real vorstellen, ist für sie nur ein in Zeit und Raum erscheinendes Abbild des immateriellen Seins. Ihrer Meinung nach ist der Mensch im Irrtum befangen, wenn er dieses Trugbild und die Rolle, die er in ihm spielt, ernst nimmt.

Die einzige mit dieser Anschauung zu vereinbarende Haltung ist die der Nicht-Aktivität (Tatenlosigkeit). Diese kann in einem gewissen Maße einen ethischen Charakter haben. In der Teilnahmslosigkeit an den Dingen dieser Welt ist der Mensch frei von dem Egoismus, den materielle Interessen in ihm wachrufen. Mehr noch: Die Nicht-Aktivität steht in Verbindung mit der Idee der Gewaltlosigkeit. Sie bewahrt den Menschen vor der Gefahr, durch Gewalttätigkeiten anderen Übel anzutun.

Die indischen Denker des Brahmanismus, der Sāṃkhya und des Jainismus rühmen, wie auch Buddha, die Gewaltlosigkeit, die sie „Ahiṃsā" nennen, und sehen in ihr die erhabene Ethik. Aber die so gesinnte Ethik ist unvollkommen und unvollständig. Sie gestattet dem Menschen den Egoismus, gänzlich auf sein Heil bedacht zu sein, welches er durch die Beobachtung der mit der wahren Erkenntnis übereinstimmenden Tatenlosigkeit zu erlangen trachtet. Sein Mitleid ist nicht natürlich, sondern geht auf seine metaphysischen Theorien zurück. Es fordert nur die Enthaltung vom Übel, nicht eine dem

Guten geweihte Tätigkeit, die von einer natürlichen Vorstellung des Guten eingegeben ist.

Allein die mit der Bejahung der Welt verbundene Ethik kann natürlich und vollständig sein. Wenn indische Denker sich bewogen fühlen, sich für eine weniger eingeschränkte Ethik als die der Ahiṃsā zu entscheiden, so läßt sich dies nur durch Konzessionen erreichen, die sie der Weltbejahung und dem Grundsatz der Aktivität machen. Buddha, der sich gegen die Kälte der brahmanischen Lehre erhebt und Mitleid predigt, widersteht nur mit Mühe der Versuchung, vom Grundsatz der Nicht-Aktivität abzugehen. Mehr als einmal unterliegt er ihr dort, wo er sich der Taten der Nächstenliebe und ihrer Empfehlung an seine Jünger nicht enhalten kann.

Im Namen der Ethik führt die Weltbejahung jahrhundertelang in Indien einen geheimen Kampf gegen den Grundsatz der Nicht-Aktivität. Im Hinduismus, der eine religiöse Bewegung gegen die überspannten Forderungen des Brahmanismus ist, vermochte die Aktivität sich eine mit der Nicht-Aktivität gleichberechtigte Stellung zu verschaffen. Das Miteinander beider wird in dem großen Lehrgedicht der „Bhagavad-Ghītā", einem Teil des großen indischen Epos Mahābhārata, verkündet und festgelegt.

Die Bhagavad-Ghītā läßt die Weltanschauung des Brahmanismus gelten. Sie urteilt, daß die materielle Welt nur eine scheinbare Realität ist und unser Interesse nicht beanspruchen darf. Demnach ist die Welt nichts weiter als ein Schauspiel, das Gott sich selber bereitet. Das natürlichste ist, daß der Mensch sich als Zuschauer dieses Schauspiels verhält.

Die Bhagavad-Ghītā will ihm aber auch zugestehen, Mitspieler in diesem Schauspiel zu sein und sich in ihm tätig zu verhalten. Diese Aktivität soll ihm erlaubt sein, wenn er die richtige Vorstellung von ihr hat.

Wenn er in der einzigen Absicht tätig ist, in dem Schauspiel, das Gott sich selber veranstaltet, mitzuwirken, ist er auf dem rechten Wege. Er handelt in derselben Erkenntnis, in der ein anderer reiner Zuschauer bleibt. Beide sind sie Wissende. Wenn er aber in naiver Weise sich für die Tätigkeit entscheidet, die Welt für real hält und in ihr etwas ausrichten will, ist er im Irrtum befangen. Sein Tun ist Torheit. Diese Theorie der Bhagavad-Gita kann in keiner Weise der Ethik Genüge tun. Deren Streben geht ja auf eine Besserung der Zustände der Welt aus. Die Bhagavad-Gita tut nichts weiter, als der tätigen Ethik ein Scheindasein in der Weltanschauung der Weltverneinung zu ermöglichen.

Das Christentum der Antike und des Mittelalters bekennt sich zur Weltentsagung, ohne darum die absolute Nicht-Aktivität zu verlangen. Diese Haltung ist darin begründet, daß die christliche Negation der Welt eine andere ist als die der indischen Denker. Sie nimmt nicht an, daß die Welt, in der wir leben, ein Trugbild sei. Sie sieht sie an als eine unvollkommene Welt, der bestimmt ist, die Vollkommenheit zu erleben, wenn die Zeit des Reiches Gottes anbrechen wird. Die Idee des Kommens eines übernatürlichen Reiches Gottes wurde von den israelitischen Propheten geschaffen. Sie findet sich auch in der Religion Zarathustras.

Jesus verkündet, wie Johannes der Täufer, daß die Verwandlung der materiellen Welt in die des Reiches Gottes nahe herbeigekommen sei. Er mahnt die Menschen, die Vollkommenheit, die für die Teilnahme an der neuen Existenz in einer neuen Welt gefordert wird, zu erstreben. Er heißt sie, den Dingen dieser Welt zu entsagen, um frei zu sein, sich der Idee des Guten hinzugeben. Jesu Ethik erlaubt der Aktivität, alles, was sie als gut und geboten ansieht, verwirklichen zu wollen. Hierin liegt ihr Unterschied zur Lehre Buddhas, mit der sie den Gedanken des Mitleids gemein hat. Der Betätigung des Mitleids sind bei Buddha Grenzen gesetzt. Die Ethik Jesu aber fordert grenzenloses Tun des Guten.

Die ersten Christen, unter ihnen auch Paulus, erwarteten also, daß das Reich Gottes alsbald an die Stelle der natürlichen Welt treten werde. Ihr Hoffnung ging nicht in Erfüllung. In der antiken Welt, wie auch in der des Mittelalters, befinden sich die Christen in der Lage, in der natürlichen Welt leben zu müssen, ohne durch die Hoffnung des baldigen Kommens der übernatürlichen aufrechterhalten zu werden.

Das Christentum konnte sich nicht entschließen, sich völlig für die Weltbejahung zu entscheiden, obwohl seine tätige Ethik ihm dies ermöglicht hätte. In der Antike und im Mittelalter gab es aber keine begeisterte Weltbejahung, die ihm solches ermöglicht hätte. So blieben seine Gedanken völlig auf das Jenseits gerichtet.

Erst in der Renaissance kam kraftvolle Weltbejahung auf. Auf sie ging das Christentum im Laufe der Neuzeit ein. Seine Ethik kannte nun neben dem Ideal der von Jesus geforderten Selbstvervollkommnung auch das andere, das neue und bessere materielle wie geistige Bedingungen für das Dasein der Menschen in der Welt zu schaffen gebot. Weil die Ethik des Christentums ihrer Aktivität nunmehr ein Ziel zu setzen weiß, blüht sie auf. Die Verbindung von Christentum und zielstrebiger Weltbejahung brachte die Kultur hervor, in der wir leben. Sie zu erhalten und zu vervollkommnen ist unsere Aufgabe.

Die ethischen Anschauungen der chinesischen Denker wie auch die Zarathustras waren von ihrem Ursprung her der Weltbejahung zugetan. Auch sie trugen die erforderlichen Kräfte zur Gestaltung einer ethischen Weltanschauung in sich.

Auf einer bestimmten Stufe ihrer Entwicklung erstrebt die Ethik eine größere Tiefe. Diese Neigung offenbart sich in ihrem Bedürfnis der Erforschung des fundamentalen Wesens des Guten. Sie findet nicht mehr Befriedigung im Definieren, Aufzählen und Empfehlen verschiedener Tugenden und Pflichten, sondern sie will das, was diese miteinander gemeinsam haben und gemeinsam erstreben, erfassen. In diesem Suchen gelangen die großen chinesischen Denker dazu, das Wohlwollen den Menschen gegenüber als die Grundtugend zu preisen.

In der israelitischen Ethik erhebt sich schon vor Jesus die Frage nach dem höchsten Gebot, dessen Erfüllung dem Halten des ganzen Gesetzes entspricht. Jesus, im Einklang mit der Tradition der jüdischen Schriftgelehrten, erhebt die Liebe zum obersten Gebot, das alle anderen in sich begreift.

Ebenso kommen die Denker aus der Schule der Stoiker und Epikuräer in den zwei ersten Jahrhunderten der christlichen Ära auf dem von Panätius, dem Schöpfer des Humanitätsideals, beschrittenen Wege zur Anerkennung der Menschenliebe als der Tugend aller Tugenden. Es sind dies Seneca (um 4 v. Chr.–65 n. Chr.), Epiktet (50–138), der Kaiser Marc Aurel (121–180). Ihre Ethik entspricht im Grunde den Anschauungen der chinesischen und christlichen Denker. Das Besondere ihrer Erkenntnis ist die Überzeugung, daß das Denken, wenn es in die Tiefe geht, zum Humanitätsideal gelangt.

Weil im Laufe des 1. und 2. Jahrhunderts nach Christus die griechisch-römische Philosophie zum gleichen ethischen Ideal wie das Christentum gelangt, hätte es geschehen können, daß beide sich dessen, was sie miteinander gemeinsam hatten, bewußt geworden wären. Dies fand aber nicht statt. Sie blieben sich fremd.

Die zum gegenseitigen Bekanntwerden erforderlichen Umstände waren nicht vorhanden. Diese hochentwikkelte griechisch-römische Philosophie stand nur kurze Zeit in Blüte. Sie war Sache einer kleinen Oberschicht von Gebildeten. Das Volk gab sich nicht mit ihr ab.

Überdies hatten beide Bewegungen tiefgehende Vorurteile gegeneinander. Für die griechisch-römische war das Christentum mit seiner Erwartung einer übernatürlichen Welt, deren Herrscher ein in Jerusalem gekreuzigter Jude sein würde, törichter Aberglaube. Für das christliche Denken war das griechisch-römische etwas dem Heidentum Zugehöriges und damit, wenn man von ihm überhaupt Kenntnis nahm, abgetan.

Aber Jahrhunderte später kam es dennoch dazu, daß beide miteinander in Beziehung traten. Als im 16. und 17. Jahrhundert das Christentum sich mit der Weltbejahung vertraut zu machen begann, die die Renaissance dem europäischen Denken hinterlassen hatte, nahm es auch Kenntnis von der tiefen Ethik, zu der der Spätstoizismus und der Epikureismus in dem 1. und 2. Jahrhundert nach Christus gelangt waren. Überrascht mußte es feststellen, daß Jesu Gebot der Liebe damals als von der Vernunft verkündete Wahrheit aufgetreten war. Daraufhin kam in christlichen Denkern, die diese Entdeckung machten, die Überzeugung auf, daß die Grundideen der Ethik von der Religion offenbarte und von dem Denken bestätigte Wahrheiten sind.

Zu den hervorragendsten Denkern, die sich sowohl dem Christentum als auch dem Spätstoizismus verbunden wußten, gehören Erasmus von Rotterdam (1466 bis 1536) und Hugo Grotius (1583–1645), die die Schaffung eines für alle Völker im Frieden und im Krieg zu beobachtenden ethischen Rechts unternahmen.

Miteinander werden die christliche und die philosophische Ethik von einem enthusiastischen Tätigkeitsdrang erfaßt. Miteinander kommen sie im 18. Jahrhundert darauf, sich mit der Welt zu beschäftigen. Dies führt sie dazu, daß sie sich gegen weitere Duldung von schreiender Ungerechtigkeit, Grausamkeit und unheilvollem Aberglauben auflehnen. Die Folterung wurde abgeschafft, dem Elend der Hexenprozesse wurde ein Ende gesetzt. Unmenschliche Gesetze mußten anderen, humaneren, Platz machen. Ein in der Geschichte der Menschheit einmaliges Reformwerk wurde in Angriff genommen und in der Begeisterung der Entdeckung, daß das Gebot der Liebe auch von der Vernunft gefordert wird, durchgeführt.

Um das Vernunftgemäße der Liebe zum Nächsten dartun zu können, hielten es Jeremy Bentham (1748 bis 1832) und andere Denker für richtig, mit dem Argument ihrer Nützlichkeit zu operieren.

Nach der von ihnen verfochtenen These soll es sich bei der Nächstenliebe lediglich um einen recht verstandenen Egoismus handeln. Sie machen geltend, daß das Wohl des einzelnen wie das der Gesellschaft nur gesichert werden könne durch die Bereitschaft zur Hingabe, die die Menschen im Verkehr mit ihresgleichen betätigen müßten.

Diese etwas oberflächliche Meinung von dem Wesen des Ethischen lehnen, mit anderen, Immanuel Kant (1724–1804) und der schottische Philosoph David Hume (1711–1776) ab. Kant, der die Würde der Ethik voll gewahrt wissen will, stellt die Behauptung auf, daß ihre Nützlichkeit nicht in Betracht zu ziehen sei. Seine Lehre vom kategorischen Imperativ gesteht der Ethik zu, absolute Forderungen zu stellen. Unser Gewissen, urteilt er, tut uns kund, was gut und böse ist. Ihm allein haben wir zu gehorchen. Das uns innewohnende Moralgesetz gibt uns die Gewißheit, daß wir nicht bloß an der Welt teilhaben, die uns in Zeit und Raum begegnet, sondern daß wir auch Bürger einer geistigen Welt sind.

Hume seinerseits beruft sich in der Ablehnung des utilitaristischen Charakters der Ethik auf die Erfahrung. Er analysiert die Triebkräfte der Ethik und kommt zu dem Ergebnis, daß sie vor allen Dingen eine Sache der Sympathie, des Mitempfindens ist. Die Natur, argumentiert er, hat uns die Fähigkeit des Miterlebens des Schicksals anderer verliehen. Damit verpflichtet sie uns, die Freude, die Sorgen und die Leiden der anderen wie unsere eigenen zu erleben. Nach einem von Hume gebrauchten Bild sind wir wie Saiten, die im Einklang mit anderen schwingen. Das natürliche Wohlwollen veranlaßt uns, für den anderen dazusein und zu seinem wie zu der Gesellschaft Wohl beitragen zu wollen.

Seit Hume hat die Philosophie – wenn wir von Friedrich Nietzsche (1844–1900) absehen – nicht mehr ernstlich daran zu zweifeln gewagt, daß die Ethik in erster Linie eine Sache des Mitempfindens und eines ihm entsprechenden helfenden Handelns ist.

In welche Situation aber gerät diese natürliche und tiefe Ethik! Sie ist nicht imstande, die Verpflichtungen zur Hingabe an andere festzulegen und abzugrenzen, um auf diese Weise das natürliche Besorgtsein um unser Ergehen mit dem um das der anderen in das rechte Verhältnis zu bringen.

Auf dieses Problem der Verwirklichung seiner Ethik geht Hume nicht weiter ein. Auch die zeitgenössische und die spätere Philosophie fühlen sich nicht berufen, sich ernstlich mit ihm abzugeben. Ein Ahnen seiner Schwierigkeiten legt ihnen Zurückhaltung in der Beschäftigung mit ihm auf.

Tatsächlich sind die Schwierigkeiten dieser elementaren und lebendigen Ethik derart, daß man mit ihnen nicht fertig wird. Es ist unmöglich, sie irgendwie in klar formulierten Geboten und Verboten festzulegen. Sie ist durchaus subjektiv. Sie überläßt dem einzelnen die Entscheidung, wie weit er in seinem hingebenden Helfen gehen will. Sie erlaubt uns nicht, eine Hingabe, die wir als zu weitgehend ansehen möchten, zu unterlassen, auch wenn sie große Nachteile für uns mit sich bringen könnte. Sie läßt unser Gewissen nicht zur Ruhe kommen. Das gute Gewissen wird für uns zu einem Mythus.

In allen Konflikten überläßt die Ethik der Hingabe denen, die sie befolgen wollen, solche schwere Entscheidung. Diejenigen, die Betriebe leiten, können sich nur selten beglückwünschen, aus Mitleid eine Anstellung dem zugesprochen zu haben, der ihrer am dringendsten bedurfte, statt sie dem am besten Qualifizierten anzuvertrauen. Wehe aber dem, der auf Grund von Erfahrungen dieser Art meint, dem Mitleid in seinen Überlegungen darum eine allzu große Bedeutung zugestehen zu müssen!

In dem Nachdenken über das Problem der Hingebung kommen wir auch dazu, den Kreis unserer ethischen Betätigung weiter zu ziehen, als es bisher geschah. Es geht uns auf, daß die Ethik es nicht nur mit den Menschen, sondern auch mit den Geschöpfen zu tun hat. Diese haben mit uns ja gemein, daß auch sie Wohlergehen ersehnen, Leiden erleiden und Grauen vor dem Vernichtetwerden haben. Wer sich ein unversehrtes Empfinden bewahrt hat, findet das Bedürfnis der Anteilnahme am Schicksal aller Lebewesen natürlich. Das Denken kann nicht anders als anerkennen, daß gütiges Verhalten der

Kreatur gegenüber eine natürliche Forderung der Ethik ist. Daß sie zaudert, es zu tun, hat seine Gründe. Tatsächlich ergeben sich aus dem Beschäftigtsein mit dem Schicksal aller Lebewesen, mit denen wir es zu tun haben, noch vielfältigere und verwirrendere Konflikte, als sie die auf den Menschen beschränkte Hingabe mit sich bringt. Das Neue und Tragische ist, daß wir auf diesem Gebiet fort und fort in die Lage kommen, uns für Töten oder Am-Leben-Lassen entscheiden zu müssen. Der Bauer kann nicht alle Tiere aufziehen, die in seiner Herde geboren werden. Er wird nur so viel behalten, als er ernähren kann und deren Aufzucht ihm gute Einnahmen sichert. In vielen Fällen sind wir auch genötigt, Lebewesen zu opfern, um andere, die von ihnen bedroht sind, zu retten.

Wer einen aus dem Nest gefallenen Vogel aufhebt, findet sich – um ihn füttern zu können – genötigt, kleine Lebewesen zu töten. Dieses Handeln ist völlig willkürlich. Mit welchem Recht opfert er eine Vielzahl von Leben um eines einzigen willen? Mit der gleichen Willkür verfährt er, wenn er ihm unsympathische Tiere vernichtet, um andere vor ihnen zu schützen.

Es ist somit Sache eines jeden von uns, darüber zu entscheiden, ob er auf Grund einer unvermeidlichen Notwendigkeit Lebewesen zum Leiden oder zum Tode verurteilt und dadurch schuldig wird. Einige Sühne für solche Schuld leistet derjenige, der sich auferlegt, keine Gelegenheit zu versäumen, um in Not befindlicher Kreatur beizustehen. Wieviel weiter wären wir schon, wenn die Menschen sich um das Wohl der Kreatur sorgten und alle dem Übel entsagten, das sie ihr aus Gedankenlosigkeit zufügen. Der Kampf gegen die antihumanen Traditionen und unmenschlichen Gefühle, die in unserer Zeit noch vorhanden sind, ist uns auferlegt.

Als Beispiele solcher unmenschlichen Gepflogenheiten, die unsere Zivilisation und unser Gefühl nicht länger dulden sollten, seien die Stierkämpfe in der Arena und die Hetz- und Treibjagden angeführt.

Die Ethik, die sich nicht auch mit unserem Verhalten zur Kreatur beschäftigt, ist unvollständig. Den Kampf gegen die Unmenschlichkeit haben wir ganz und stetig zu führen. Es muß dahin kommen, daß Töten als Spiel als Schande unserer Kultur empfunden wird.

Eine große Änderung in der ethischen Situation ist auch darin gegeben, daß die Ethik sich heute eingestehen muß, daß sie nicht damit rechnen kann, sich weiter noch auf eine ihr entsprechende Weltanschauung berufen zu können. Früher konnte sie überzeugt sein, daß sie ein Verhalten forderte, das mit der Erkenntnis von der wahren Natur des in der Schöpfung geoffenbarten universellen Willens zum Leben übereinstimmt. Solcher Ansicht waren nicht nur die höheren Religionen, sondern auch die rationalistische Philosophie des 17. und 18. Jahrhunderts.

Tatsächlich aber ist die Weltanschauung, auf die die Ethik sich berufen möchte, das Resultat einer optimistischen Interpretation der Welt, die sie unternommen hat. Sie schreibt dem universellen Willen zum Leben Eigenschaften und Intentionen zu, die ihrer eigenen Art, zu empfinden und zu urteilen, entsprechen.

Im Verlaufe des 19. und 20. Jahrhunderts sieht sich das Denken, das sich allein von dem Suchen der Wahrheit leiten läßt, zu dem Eingeständnis genötigt, daß die Ethik nichts von einer wahrhaften Erkenntnis der Welt zu erwarten hat. Die Fortschritte des Wissens bestehen in einer immer genaueren Erkenntnis der Gesetze des Geschehens. Sie ermöglichen uns, die in dem Universum vorhandenen Energien uns dienstbar zu machen. Aber sie nötigen uns zugleich, immer mehr der Hoffnung, den Sinn des Geschehens verstehen zu können, zu entsagen.

Inwieweit läßt sich die Hingebung zum Wohle anderer in einer Weltanschauung begründen? Fort und fort hat die Ethik dies versucht. Nie ist es ihr gelungen. Wenn sie glaubte, es erwiesen zu haben, war es ihr nur dadurch möglich geworden, daß sie sich die dazu erforderte naive optimistische Weltanschauung erdacht hatte. Das auf Wahrheit ausgehende Denken muß sich eingestehen, daß ein Geist der Gütigkeit in dem Weltgeschehen nicht am Werke ist. Die Welt bietet uns das trostlose Schauspiel von Regungen des Willens zum Leben, die fort und fort gegeneinander stehen. Eine Existenz erhält sich durch Bekämpfung und Vernichtung der anderen. Die Welt ist Grausiges in Herrlichem, Sinnloses in Sinnvollem, Leidvolles in Freudvollem.

Die Ethik befindet sich nicht in Harmonie mit solchem Weltgeschehen, sondern in Auflehnung gegen es. Sie ist die Regung eines Geistes, der anders sein will als der, der sich in der Welt kundgibt.

Versuchen wir das Weltgeschehen zu begreifen, wie es ist, und daraus Schlüsse auf die Art unseres Verhaltens zu ziehen, so sind wir dem Skeptizismus und dem Pessimismus ausgeliefert. Die Ethik ist eine Tat unserer geistigen Selbständigkeit.

In ihren Anfängen war die Ethik genötigt, sich eine ihr entsprechende Weltanschauung zu schaffen. Sie zwang sich also zu der Vorstellung, daß in dem Weltgeschehen, wie es auch sei, ein Geist walte, der in dem Verlaufe des Unvollkommenen schließlich das Vollkommene verwirklichen werde, und daß unser ethisches Bemühen in der derzeitigen Welt in der Hoffnung auf jenes Endziel seinen Sinn habe.

Ist die Ethik aber zur Erkenntnis gelangt, daß sie eine Nötigung zur Hingabe an andern Willen zum Leben ist, die der im Denken vorangekommene Mensch erlebt, ohne von ihr loskommen zu können, so ist sie durchaus selbständig geworden. Nunmehr kann uns die Tatsache, daß wir nur eine unvollkommene und durchaus unbefriedigende Erkenntnis der Welt besitzen, nichts mehr anhaben. Wir besitzen die Erkenntnis des unserem Wesen entsprechenden Verhaltens in der Welt. In Treue zu ihr wandeln wir den Weg unseres Daseins.

Die elementare, uns in jedem Augenblick unseres Daseins zum Bewußtsein kommende Tatsache ist: Ich bin Leben, das leben will, inmitten von Leben, das leben will. Das Geheimnisvolle meines Willens zum Leben ist, daß ich mich genötigt fühle, mich gegen allen Willen zum Leben, der neben dem meinen im Dasein ist, teilnahmsvoll zu verhalten. Das Wesen des Guten ist: Leben erhalten, Leben fördern, Leben auf seinen höchsten Wert bringen. Das Wesen des Bösen ist: Leben vernichten,

Leben schädigen, Leben in seiner Entwicklung hemmen.

Das Grundprinzip der Ethik ist also Ehrfurcht vor dem Leben. Alles, was ich einem Lebewesen Gutes erweise, ist im letzten Grunde Hilfe, die ich ihm zur Erhaltung und Förderung seines Daseins zuteil werden lasse.

In der Hauptsache gebietet die Ehrfurcht vor dem Leben dasselbe wie der ethische Grundsatz der Liebe. Nur trägt die Ehrfurcht vor dem Leben die Begründung des Gebotes der Liebe in sich und verlangt Mitleid mit aller Kreatur.

Zu bemerken ist auch, daß die Ethik der Liebe uns nur unser Verhalten zu den anderen, nicht auch gegen uns selbst eingibt. Die Forderung der Wahrhaftigkeit, die ein Grundelement der ethischen Persönlichkeit ist, läßt sich von ihr nicht ableiten. Tatsächlich aber ist es die Ehrfurcht, die wir unserem eigenen Dasein entgegenzubringen haben, die uns anhält, uns immer selber treu zu bleiben, indem wir auf jede Verstellung, von der wir in dieser oder jener Lage Gebrauch gemacht hätten, verzichten und im Kampfe, durchaus wahrhaftig zu bleiben, nicht erlahmen.

Nur die Ethik der Ehrfurcht vor dem Leben ist vollständig. Sie ist es in jeder Hinsicht. Die Ethik, die es nur mit dem Verhalten des Menschen zu seinem Mitmenschen zu tun hat, kann sehr tief und lebendig sein. Sie bleibt aber unvollständig. So konnte es nicht ausbleiben, daß das Denken einmal dazu kam, an der als unverboten geltenden herzlosen Behandlung andersartiger Lebewesen Anstoß zu nehmen und von der Ethik zu verlangen, sich auch ihrer zu erbarmen. Nur zögernd entschloß sie sich, damit Ernst zu machen. Erst seit einiger Zeit kommt dieses Unternehmen ersichtlich in Gang und findet Beachtung in der Welt.

Aber schon beginnt anerkannt zu werden, daß die Ethik der Ehrfurcht vor dem Leben, die Gütigkeit gegen alle Lebewesen verlangt, dem natürlichen Empfinden des denkenden Menschen entspricht.

Durch ethisches Verhalten zu aller Kreatur gelangen wir in ein geistiges Verhältnis zum Universum.

In der Welt ist der Wille zum Leben in Konflikt mit sich selber. In uns will er in Frieden mit sich selbst sein.

In der Welt tut er sich kund, in uns offenbart er sich.

Der Geist gebietet uns, anders zu sein als die Welt. Durch die Ehrfurcht vor dem Leben werden wir in elementarer, tiefer und lebendiger Weise fromm.

Albert Schweitzer
(1875–1965)
von
Ulrich Neuenschwander

In Kaysersberg als Pfarrerssohn am 14. Januar 1875 geboren, wuchs Albert Schweitzer in Günsbach, in der Nähe von Colmar, auf. Das Elsässerdorf, in dem er später sein Gästehaus baute, blieb ihm Heimat und ist heute Sitz des Albert-Schweitzer-Archivs. In Straßburg studierte Schweitzer Theologie und Philosophie. Durch das Jesuswort „Wer sein Leben erhalten will, der wird es verlieren, wer es aber verliert um meinetwillen, der wird es finden" bewegt, faßte Schweitzer früh den Entschluß, bis zu seinem 30. Lebensjahre der Wissenschaft und der Kunst zu leben, dann aber unmittelbar den Menschen zu dienen. Nachdem er sich als Neutestamentler mit der Entdeckung der „konsequenten Eschatologie" und als Organist einen Namen gemacht hatte, begann er mit 30 Jahren Medizin zu studieren, um in Äquatorialafrika ein Spital zu eröffnen. 1913 gründete er das Urwaldspital in Lambarene. Im Laufe des Weltkrieges wurde er als Deutscher interniert und nach Frankreich gebracht; das Werk zerfiel. 1924 baute er es wieder auf. Lambarene wurde zum weltweit ausstrahlenden Symbol christlicher Humanität, und Schweitzer verließ das Spital nur noch für kurze Europaaufenthalte. Bis zu seinem Tode blieb er unermüdlich tätig.

Neben seiner Wirksamkeit als Urwaldarzt veröffentlichte er zahlreiche Werke, die seinen Namen in die ganze Welt hinaustrugen. In der „Geschichte der Leben-Jesu-Forschung" stellte er die eschatologische Bedingtheit

Jesu dar. Sein Buch über Johann Sebastian Bach gilt noch heute als klassische Darstellung des Thomaskantors. In „Kultur und Ethik" entfaltete er die Lehre von der „Ehrfurcht vor dem Leben". „Zwischen Wasser und Urwald" schilderte die Erlebnisse in der ersten Zeit von Lambarene. Zahlreiche weitere theologische und kulturphilosophische Werke entsprangen seiner Feder, ein umfangreicher Nachlaß harrt noch der Edition. Daneben bewältigte der Unermüdliche, der tagsüber das Spital betreute und nachts am Schreibtisch saß, eine unabsehbare Korrespondenz über die ganze Welt hin. Die Zehntausende von Briefen werden in Günsbach gesammelt.

Einfach und bescheiden bis zuletzt bewahrte der große Mahner der Humanität seine unmittelbare Menschlichkeit einem jeden gegenüber. Am 4. September 1965 verstarb Albert Schweitzer nach einigen Tagen des Unwohlseins in Lambarene, umgeben von den Seinen, unter den Klängen Bachscher Musik.

1. Das Verhältnis von Theologie und Philosophie

Albert Schweitzer gehört zu jenen Menschen, die durch die Geschlossenheit ihre Persönlichkeit bei gleichzeitig größtem Reichtum des Geistes beeindrucken. Nicht nur sind bei ihm Denken und Tat verschmolzen, sondern es konvergieren bei ihm auch Glaube und Denken, Philosophie und Religion. Als Denker des Glaubens gehört er zu jenen Gestalten unseres Jahrhunderts, die an der Vereinbarkeit des Glaubenskerns des Christentums mit der Rationalität festgehalten haben. In einer Zeit, in der die Kirche das Mißtrauen gegen die Vernunft erneut proklamierte und umgekehrt das emanzipierte Denken sich immer weiter von christlichen Inhalten entfernte, hat er unbeirrt daran festgehalten, daß wahres Christsein dem wahren Menschsein gleichzusetzen sei und daß zu Ende gedachte Philosophie in rationaler Reflexion bestätige, was Jesus in elementarer Unmittelbarkeit als den tiefsten Sinn des menschlichen Lebens erschaut hat. Tiefes Denken geht für ihn zuletzt ohne Bruch in mystisches Erfahren über. In der universalen Formel von der Ehrfurcht vor dem Leben treffen sich die Ströme der christlichen Überlieferung und des rationalen Denkens. Die sowohl von der Religion wie von der Philosophie ersehnte gleichzeitig weltbejahende und ethisch-verantwortliche Sinndeutung der menschlichen Existenz findet darin ihr Ziel. Das Denken ist daher nicht der Feind des Glaubens. Aller Denkfeindlichkeit aus den verschiedenartigsten Winkeln christlicher Tradition hält er das Bekenntnis entgegen:

„Das Christentum kann das Denken nicht ersetzen, sondern muß es voraussetzen ...

Von mir selber weiß ich, daß ich durch Denken religiös und christlich blieb.

Der denkende Mensch steht der überlieferten religiösen Wahrheit freier gegenüber als der nichtdenkende; aber das Tiefe und Unvergängliche, das in ihr enthalten ist, erfaßt er lebendiger als dieser.“[1]

Schweitzer hat gleichzeitig als Philosoph und als Theologe begonnen. Sein erstes Werk ist eine bedeutende philosophische Arbeit über Kant; die Habilitation an der theologischen statt der philosophischen Fakultät geschah vor allem deshalb, weil man dem jungen Akademiker nahelegte, im Falle einer Habilitation in Philosophie nicht mehr das Amt eines Predigers auszuüben. Schweitzer, obwohl an sich gerne an der philosophischen Fakultät tätig, mochte diesen Verzicht nicht leisten und verzichtete lieber auf die philosophische Tätigkeit als auf das Predigtamt an St. Nicolai in Straßburg. Dieses kleine Stück Biographie erhellt blitzartig die Situation Schweitzers zwischen Evangelium und Philosophie; er selbst sieht keine Kluft, da er aber wählen muß, wählt er das Predigtamt. Das ist zeit seines Lebens so geblieben. Jede Konstruktion der Entwicklung Schweitzers, die davon ausgeht, er sei als ein gescheiterter Theologe zur Philosophie übergegangen, ja vom abendländischen Christentum zu indischer Philosophie, ist vollständig verfehlt.

Diese falschen Annahmen stützten sich teilweise auf die Tatsache, daß Schweitzer später ein Buch über die indischen Denker veröffentlicht hat. Diese Arbeit über Indien bedeutet aber nicht ein Verlassen der christlichen Grundlage, wie die späteren theologischen Werke beweisen, sondern eine universale Ausweitung des Denkhorizontes.

Das Buch über die indischen Denker ist nicht isoliert zu betrachten; es ist ein Teil der Arbeiten für die Kulturphilosophie, die eine Geschichte des gesamten Denkens der Menschheit im Hinblick auf die ethischen Probleme enthalten soll. Parallel dazu steht eine Studie über die chinesischen Denker, die bisher nicht veröffentlicht ist.

Der Weg Schweitzers geht also nicht von Christentum und Abendland weg, sondern von da aus in eine große Universalität, die das Menschliche überall sucht.

Wollen wir Schweitzer nun speziell als Denker des Glaubens würdigen, dann legt es sich nahe, zunächst die philosophischen Grundlagen seines Denkens zu analysieren und hierauf seine Schau des Evangeliums und der Person Jesu zu charakterisieren.

Daraus wird sich uns ein vertieftes Verständnis sowohl der christlichen wie der philosophischen Dimension der Formel von der Ehrfurcht vor dem Leben ergeben, die Schweitzer durchaus als Synthesis, ja Einheit von Denken und Religion empfindet. Endlich haben wir noch die religiöse Dimension der Ehrfurcht vor dem Leben als ethische Mystik und deren Verhältnis zum Christlichen ins Auge zu fassen. Die zu setzenden Akzente werden teilweise vom konventionellen Schweitzerbild etwas abweichen, insbesondere von dem Klischee, das sich manche Theologen von dem Mann aus Lambarene gemacht haben.

2. Die philosophischen Grundlagen des Denkens Albert Schweitzers

Der zentrale philosophische Begriff Schweitzers, den es zu verstehen gilt, um nicht nur seine Deutung Jesu, sondern auch die Grundidee der Ehrfurcht vor dem Leben richtig zu erfassen, ist der *Wille.* Der Wille ist für Schweitzer keineswegs eine partikulare Kraft im Menschen, auch nicht der Inbegriff der moralischen Disziplin. Man hat Schweitzer gelegentlich so mißverstanden und ihn zu einem gesetzlichen Moralisten gemacht; auch sein zentraler Satz für die Deutung Jesu, daß Jesus für uns nicht eine Autorität der Erkenntnis, sondern eine solche des Willens sei, hat man einschränkend, moralistisch und gesetzlich fehlinterpretiert. Wille ist für Schweitzer vielmehr das universale, elementare Grundphänomen der Lebendigkeit überhaupt. Sein ist Wille, Leben ist Wille zum Leben. Schweitzer kommt also philosophisch ganz vom idealistischen Verständnis des Seins her. Am Anfang dieser Linie steht Fichte, der nicht die Substanz, sondern die Tathandlung als das Primäre verstand. Ebenso wäre an Schelling zu denken, der gegen Spinoza festhielt:

„Es gibt in der letzten und höchsten Instanz gar kein anderes Seyn als Wollen. Wollen ist Urseyn, und auf dieses allein passen alle Prädicate desselben: Grundlosigkeit, Ewigkeit, Unabhängigkeit von der Zeit, Selbstbejahung. Die ganze Philosophie strebt nur dahin, diesen höchsten Ausdruck zu finden.“[2]

Wille ist die universale Lebensdynamik, ist das Geheimnis des Seins überhaupt. Wenn Schweitzer philosophisch vom Willen zum Leben redet, dann meint er nichts vitalistisch Eingeschränktes. Die Grundworte Wille und Geist sind im Sinne des idealistischen Weltverständnisses gebraucht. Auch die Unterscheidung zwischen dem unendlichen und dem endlichen Willen zum Leben weist in diese Richtung. Das, was man die „pantheistische Komponente“ in Schweitzers Denken genannt hat, hat in dieser idealistischen Grundlage seine Wurzeln. Eine biologisch-vitalistische Deutung seines Lebensverständnisses aber wäre ein vollendetes Mißverständnis, von dem aus nicht zu begreifen wäre, warum die Ehrfurcht vor dem Leben eine religiös-mystische Komponente hat.

Wenn Schweitzer auf die vergangene Philosophie zurückblickt, preist er besonders die Aufklärung. Ihre Hochschätzung der Vernunft und ihre Praxisverbundenheit entsprechen seiner eigenen Denkweise. Trotz dieser Vorliebe für die Aufklärung kehrt er aber nicht über den Idealismus hinweg zu ihr zurück, da er viel zu tief von dem idealistischen Grundgedanken ergriffen ist, daß der Grund allen Seins Lebendigkeit, Dynamik des Willens ist.

Soviel ihn aber auch mit Fichte oder Schelling verbinden mag; nicht diese beiden sind seine direkten Gesprächspartner, sondern Schopenhauer und Nietzsche. Nun ist Schopenhauers Willensbegriff ganz dem idealistischen Kontext entnommen, Nietzsche aber ist durch Schopenhauer mitgeformt. Beide aber haben den Willensbegriff in charakteristischer Weise weiterentwickelt. In der Auseinandersetzung mit ihnen werden die beiden für Schweitzer zentralen Probleme der Welt- und Lebensbejahung (oder -Verneinung) und der Ethik manifest. Schweitzer sagt selbst von sich:

„Wenn meine Philosophie der Ehrfurcht vor dem Leben als eine Synthese von *Schopenhauer* und *Nietzsche* bezeichnet worden ist, habe ich gegen diese Charakterisierung nichts einzuwenden. Mit *Schopenhauer* hat sie gemein, daß sie auf jede Erklärung der Welt verzichtet und den Menschen einem rätselhaften, leidvollen Geschehen unterworfen sein läßt. Mit *Nietzsche* geht sie in der Welt- und Lebensbejahung und in der Erkenntnis, daß Ethik irgendwie mit Welt- und Lebensbejahung zusammenhängen müsse. *Schopenhauer* und *Nietzsche* sind die beiden großen elementaren Denker der modernen Zeit. In unmittelbarer Weise haben sie das gewaltige Problem unseres Verhaltens zu uns selbst und zur Welt erlebt und aufgestellt. Beide waren tiefe ethische Denker, indem sie Ethik, im Gegensatz zu den braven Nützlichkeitsethikern, als ein aus innerer Notwendigkeit kommendes und auf die Vollendung der Persönlichkeit gehendes Verhalten erfaßten. Irgendwie muß also alles aussichtsvolle Denken sich als eine Synthese von *Schopenhauer* und *Nietzsche* darstellen."[3]

Schopenhauer und Nietzsche vermochten ihn zu bewegen, aber nicht zu überzeugen. An Schopenhauer ergreift ihn das unendliche Mitleid mit der leidenden Kreatur, eben das, was ihn später auch mit dem asiatischen Denken verband. Besonders lobt er, daß Schopenhauer das Mitleid nicht auf den Menschen beschränke, sondern auf jedes noch so armselige Geschöpf ausdehne.

Aber er kann sich nicht damit abfinden, daß Schopenhauer dem Leben keinen letzten Sinn zubilligt und in einer pessimistischen Welt- und Lebensverneinung endet. Damit wird auch der ethische Ansatz Schopenhauers verdorben. Es bleibt beim zuschauenden Mitleiden, es kommt nicht zum Wirken. So sagt Schweitzer über Schopenhauers Welt- und Lebensverneinung: „Einer unheimlichen Sonne gleich steht sie am Himmel und zehrt die Ethik wie ein Gewölk, von dem vergebens belebender Regen erwartet wird, auf."[4]

Gerade das Umgekehrte bewegt ihn an Nietzsche. Die Ehrlichkeit seiner leidenschaftlichen Polemik gegen die konventionelle Ethik und die Unnatürlichkeit der Askese spricht ihn an. Die höhere Lebensbejahung, zu der Nietzsche mit elementarem Lebenswillen vorstößt, scheint ihm am Ende wahrer als der müde Pessimismus Schopenhauers. Aber Nietzsche scheitert daran, daß für ihn höhere Lebensbejahung nicht höhere Geistigkeit sein kann, sondern nur intensiveres Leben auf der Basis des Willens zur Macht. Bei Nietzsche wird die Ethik zwar nicht von der Lebensverneinung aufgezehrt, aber von dem Egoismus des Willens zur Macht, der sich nicht als Wille zum Leben inmitten von anderem Leben, das es ebenso zu würdigen gilt, versteht. So lautet seine Kritik:

„Der Trank, den Nietzsche bietet, besteht nur aus Schaum. Groß ist er im Fragen. Daß er in das moderne Denken mit einer solchen Wucht die alte Frage nach der Geltung der überlieferten Idee des Guten hineinwirft und ihm dadurch die Krise, in der er sich befindet, offenbar macht, gehört zu den bedeutungsvollsten Geschehnissen in der Geschichte des Geisteslebens der Menschheit.

Als Beantworter seiner Frage aber ist er klein. Daß er sich keine Rechenschaft davon gibt, wie schwer es ist, etwas anderes an die Stelle der Ethik zu setzen, sondern sich mit klingenden Worten zufriedengibt, bewirkt, daß der letzte Eindruck seiner Werke nur immer der der Enttäuschung sein kann. Wo man den Denker hören möchte, läßt sich nur der Dichter vernehmen."[5]

Zwischen dieser Skylla und jener Charybdis hindurch sucht Schweitzer seinen Weg, um durch Denken eine Weltanschauung zu begründen, die gleichzeitig welt- und lebensbejahend wie diejenige Nietzsches und ethisch wie diejenige Schopenhauers ist, jedoch nicht passiv wie diejenige Schopenhauers, sondern von der Dynamik Nietzsches erfüllt. Wir sehen dabei noch ganz von dem christlichen Impuls ab. Das fundamentale Ergriffensein durch Jesus von Nazareth fehlt beiden, Nietzsche wie Schopenhauer. Erst in der Konfrontation und Synthese zwischen diesem Ergriffensein und dem durch Schopenhauer und Nietzsche geformten philosophischen Denken wird sich uns Schweitzer als Denker des Glaubens erschließen.

Doch zuvor ist noch ein Mißverständnis auszuschließen: Welt- und Lebensbejahung heißt nicht Optimismus, Welt- und Lebensverneinung nicht Pessimismus. Zu tief von der pessimistischen Weltdeutung Schopenhauers bewegt, unterscheidet Schweitzer diese beiden Begriffe genau:

„Im gewöhnlichen Sprachgebrauch heißt die Lebens- und Weltbejahung Optimismus und die Lebens- und Weltverneinung Pessimismus. Diese Benennung ist irreführend, insofern als die Lebens- und Weltbejahung und der Optimismus, wie auch die Lebens- und Weltverneinung und der Pessimismus nicht miteinander identisch, sondern nur miteinander verwandt sind. Optimismus und Pessimismus sind Betrachtungsweisen der Dinge. In ihnen spielt die besondere Beanlagung (Veranlagung??) des Menschen mit, auf Grund derer er die Dinge mehr in hell oder mehr in dunkel sieht und in dem, was ihm widerfährt, sich mehr an das Erfreuliche oder das Nicht-Erfreuliche hält. Wohl geht der Optimismus mit der Lebens- und Weltbejahung und der Pessimismus mit der Lebens- und Weltverneinung zusammen. Aber Lebens- und Weltbejahung und Lebens- und Weltverneinung sind etwas Umfassenderes und Tieferes als Optimismus und Pessimismus, sie sind nicht eine Beurteilungsweise der Dinge, sondern eine Bestimmtheit des Willens. Diese Bestimmtheit des Willens kann unter dem mitwirkenden Einfluß der mehr optimistischen oder mehr pessimistischen Beanlagung wie auch unter dem der Gunst oder Ungunst der Geschehnisse entstanden sein. Aber sie ist nicht einfach ihr Ergebnis. Die tiefste Lebens- und Weltbejahung ist die, die der illusionslosen Beurteilung der Dinge und dem Unglück abgerungen wird, die tiefste Lebens- und Weltverneinung die, die sich trotz heiterer Sinnesart und glücklicher äußerer Umstände ausbildet. Es ist aber nicht angängig, in Philosophie von Optimismus und Pessimismus zu reden und damit die Lebens- und Weltbejahung und die Lebens- und Weltverneinung zu meinen."[6]

3. Die Deutung des christlichen Glaubens

Das Verhältnis Schweitzers zum Christentum ist vor allem durch die Begegnung mit dem historischen Jesus bestimmt, weniger durch das Alte Testament und schon gar nicht durch einen dogmatischen Christusglauben oder heilsgeschichtliche Konstruktionen. Neben Jesus, wie er durch die synoptischen Berichte hindurchleuchtet, hat nur noch Paulus selbständiges Gewicht.

Die Beziehung zu Jesus ist zunächst eine emotionale; sie reicht tief bis in die Kindheit zurück und behält bis zuletzt eine gewisse Verwandtschaft mit pietistischen Formen der Jesusverbundenheit. Worte Jesu werden für Schweitzer lebensverpflichtende Gebote. Der Entschluß, bis zum dreißigsten Lebensjahr der Wissenschaft und der Kunst zu leben, dann aber das Leben im unmittelbaren Dienen an den Mitmenschen zu verbrauchen, geht auf den Gehorsam gegen das Wort Jesu zurück: „Wer sein Leben will behalten, der wird es verlieren, und wer sein Leben verliert um meinet- und des Evangeliums willen, der wird es behalten."[7] Die Formel von der Ehrfurcht vor dem Leben ist erst eine nachträgliche rationale Begründung des Schrittes, der aus christlichen Impulsen heraus getan wurde. Schweitzer versteht seine Philosophie als die philosophische Erweiterung und vernunftnotwendige Grundlegung der Verkündigung Jesu. Von da aus ist verstehbar, warum Schweitzer als Denker des Glaubens keine Kluft zwischen Religion und Denken anerkennen kann. Die Klarheit, mit der Schweitzer von seiner Ehrfurcht vor dem Leben sagen kann: „Die in dem Denken entstehende Ethik ist also nicht ‚verstandesgemäß', sondern irrational und enthusiastisch"[8], weist auch darauf hin, wie tiefgreifend der irrationale Anstoß aus der Begegnung mit Jesus von Nazareth hinter der Ethik steht, die Schweitzer doch als vernunftnotwendig darzutun nicht müde wird.

Das Verhältnis zu Jesus ist also von Anfang an ausgeprägt ein Verhältnis von Wille zu Wille.[9] Dieser Ansatz ist die Interpretation des existentiell-emotionalen Verhältnisses Schweitzers zu Jesus durch die Begrifflichkeit seiner Philosophie, insbesondere seines universalen Verständnisses von „Wille". Schweitzer selbst weist auf das Mißverständnis hin, das darin bestehen würde, die Willensgemeinschaft „moralistisch und rationalistisch" zu deuten.[10] Von da aus gesehen ist es das Höchste, was von Jesus gesagt werden kann, daß er für uns „eine Autorität ... des Willens" ist.[11] Er wird damit die formende Kraft des tiefsten Lebens selbst. Die Unerschütterlichkeit der persönlichen, durch die Willensbindung im Verständnis Schweitzers religiös-mystischen Beziehung zu Jesus schafft andererseits die große Unbefangenheit und Freiheit, die uns fremde Vorstellungswelt der spätjüdischen Apokalyptik, in der sich Jesus bewegte, in aller kritischen Distanz wahrzunehmen.

Jesus lebt in einer anderen Vorstellungswelt als wir. Seine Vorstellungswelt ist phantastischer Art, mythisch, vorwissenschaftlich. Sie erwartet in Bälde übernatürliche Ereignisse, die nicht eintreffen. Der Willensimpuls Jesu drückt sich in einer phantastischen Reich-Gottes-Vorstellung aus. Jesus ergreift diese Vorstellungswelt, in der er lebt, indem sie ihm die Möglichkeit gibt, seinen Willen auszudrücken. Der Gedanke des Reiches Gottes kommt ihm entgegen, auch wenn seine apokalyptische Form sich nachträglich als nicht real erwies. Die Befreiung von der Weltverantwortung, die die apokalyptische Hoffnung auf den baldigen Weltumschwung mit sich bringt, führt Jesus nicht zur Passivität oder Resignation, sondern ermöglicht ihm, reine Menschlichkeit ohne Rücksicht auf die faktischen Strukturen sozialer, politischer, ja kosmischer Art darzustellen. Der Kompromiß mit der Welt ist in diesem Augenblick nicht nötig, die politischen Konsequenzen brauchen nicht bedacht zu werden, so kann das reine menschliche Verhalten Ausdruck finden. Diese mögliche Radikalität führt in späterer Zeit, die sich wieder auf die Dauer der Welt einrichten muß, zu schweren Konflikten; es ist aber die einmalige Größe Jesu, daß er unabhängig davon die konsequente Menschlichkeit ausdrücken kann.

Mit dieser schwingt der Wille ineins auch von einer realistischeren Vorstellungswelt aus, die jenseits des Scheiterns der apokalyptischen Hoffnungen lebt.

Schweitzer kann deshalb unbefangen feststellen, daß die Vorstellungswelt Jesu vergangen ist, ja daß sich Jesus in der Erwartung des baldigen Einbruches der apokalyptischen Gottesherrschaft geirrt hat. Diese Feststellung schmälert die fundamentale Bedeutung Jesu für sein Leben – seinen Willen! – nicht, sie macht nur das Verhältnis zu Jesus wahrhaftig und unbefangen. Sie befreit es von qualvollen Verkrampfungen des Denkens. Im Hinblick auf die Vorstellungswelt, die Jesus nicht selbst geschaffen, sondern auch nur übernommen und modifiziert hat, ist er keine Autorität. Das stört das Grundverhältnis zu Jesus nicht, sondern entkrampft es. In diesem Zusammenhang ist der Satz zu verstehen, den wir erst zur

Hälfte angeführt haben: „In Wirklichkeit vermag er (sc. Jesus) für uns nicht eine Autorität der Erkenntnis, sondern nur eine des Willens zu sein."[12]

Die Bedeutung des Apostels Paulus besteht darin, daß er es vermochte, in der Zeit nach Jesus, als die Vollendung des Gottesreiches nicht eingetreten war, schon die Erscheinung Jesu selbst als Beginn des neuen Aeons zu verstehen. So leben die von Christus Ergriffenen schon jetzt grundsätzlich im Raume der neuen Welt. Ein Stück Gottesreich hat innerhalb der Bedingungen der irdischen Existenz angehoben. So wird Paulus zum ersten, schon im Neuen Testament selbst verankerten Pfeiler der Brücke, die den „garstigen Graben" zwischen der phantastischen apokalyptischen Erwartung des Gottesreiches und dem innerhalb der Geschichte liegenden Ziel einer humanen Kultur überbrückt. Paulus hilft den Impuls Jesu in die Geschichte hinein vermitteln. Deshalb ist er für Schweitzer von solcher Bedeutung. Das „Reich Gottes" ist ja gleichzeitig der Inbegriff dessen, worauf der Willensimpuls des Lebens aus ist, und als apokalyptische Erwartung die phantastische, gescheiterte Hoffnung. Für die denkerische Leistung des Paulus gilt deshalb:

„Als das Wesen des im Werden begriffenen Reiches Gottes hat der Denker Paulus erkannt, daß es in der Herrschaft des Geistes besteht. Aus dieser durch ihn aufgekommenen Erkenntnis heraus begreifen wir, daß das Kommen des Reiches dadurch herbeigeführt wird, daß Jesu Geist in unseren Herzen zur Macht kommt und durch uns in der Welt. Im Denken Pauli beginnt das übernatürliche Reich zum ethischen zu werden und sich damit aus etwas zu Erwartendem in etwas zu Verwirklichendes zu verwandeln. Den Weg, der sich damit auftut, haben wir zu begehen."[13]

Weil nicht eine besondere, dem gewöhnlichen Welterkennen widersprechende, auf geglaubte Offenbarung hin angenommene Vorstellungswelt der Inhalt des christlichen Glaubens ist, sondern jener Einklang des tiefsten Lebensimpulses mit demjenigen Jesu, ergibt sich kein fundamentaler Gegensatz zwischen wahrem Christsein und wahrem Menschsein. Vielmehr ist es gerade die Größe der Verkündigung Jesu, daß der Sinn des Glaubens das Menschsein meint. Schweitzer nimmt in dieser Beziehung eine Erkenntnis voraus, die ein halbes Jahrhundert später Bonhoeffer in seinen Gefangenschaftsbriefen wieder zur Geltung gebracht hat.[14] Am eindeutigsten hat Schweitzer diese Koinzidenz in einer Predigt über das Wort Jesu von den Menschenfischern ausgesprochen:

„Wenn mich jemand fragte, warum ich das Christentum für die höchste und einzige Religion halte, würde ich alles, was man so gelernt hat über das Verhältnis und die Rangordnung der Religionen und wie man die Vorzüge der besten herausfindet, getrost hinter den Ofen werfen und nur das eine sagen: Weil in dem ersten Befehl, den der Herr auf Erden gegeben hat, nur *das eine Wort „Mensch"* vorkommt. Er redet nicht von der Religion, vom Glauben, von der Seele oder sonst etwas, sondern einzig von Menschen. *Ich will euch zu Menschenfischern machen.* Da ist's, als sagte er es allen kommenden Jahrhunderten: Aufs erste gebt mir acht, daß mir der Mensch nicht zugrunde geht. Geht ihm nach, wie ich ihm nachgegangen bin und findet ihn da, wo die andern ihn nicht mehr finden, im Schmutz, in der Vertiertheit, in der Verachtung, und tut euch zu ihm und helft ihm, bis er wieder ein Mensch ist. Er hat Religion und Menschlichkeit so zusammengeschweißt, daß es keine Religion mehr gibt, daß sie für ihn nicht existiert ohne die wahre Menschlichkeit, und daß die Aufgaben der wahren Menschlichkeit nicht gehört werden können ohne Religion."[15]

4. Die Ehrfurcht vor dem Leben als Einheit von Vernunft und Religion

Lange schon waren die Impulse der Verkündigung Jesu und des ethisch-philosophischen Denkens in Schweitzer lebendig, bevor die Formel der Ehrfurcht vor dem Leben geprägt war. Schon war Lambarene gegründet. Schweitzer wußte, was er wollte, aber es gelang ihm noch nicht, es zu formulieren. Die Einheit von Wollen und Tun war hergestellt. Aber die Synthese von Denken und ethisch-christlichem Impuls gelang nicht. Schweitzer erzählt, wie er in der ersten Periode von Lambarene, während des Jahres 1915, monatelang in einer „stetigen inneren Aufregung" dahingelebt habe, weil er die Synthese von Denken und Glauben nicht fand; es war ihm, als ob er gegen eine „eiserne Tür" sich stemme.[16]

Der Durchbruch, der während einer Kahnfahrt auf dem Ogowe in der Nähe von drei Inseln geschah, die seither den Namen „Inseln der Ehrfurcht vor dem Leben" tragen, war für ihn wie eine Erleuchtung. Sie ist in Parallele zu setzen mit jenem wochenlangen gespannten Ringen und dem nachherigen Hochgefühl des Anselm von Canterbury, als er seinen berühmten Beweis für das Dasein Gottes fand, oder mit dem Turmerlebnis Martin Luthers, in dem Luther die Formel von der Rechtfertigung durch den Glauben bei Paulus als den klaren Ausdruck seiner neuen Konzeption des Christseins erfaßte.[17] Schweitzer berichtet über diesen Augenblick:

„Langsam krochen wir den Strom hinauf, uns mühsam zwischen den Sandbänken – es war trockene Jahreszeit – hindurchtastend. Geistesabwesend saß ich auf dem Deck des Schleppkahns, um den elementaren und universellen Begriff des Ethischen ringend, den ich in keiner Philosophie gefunden hatte. Blatt um Blatt beschrieb ich mit unzusammenhängenden Sätzen, nur um auf das Problem konzentriert zu bleiben. Am Abend des dritten Tages, als wir bei Sonnenuntergang gerade durch eine Herde Nilpferde hindurchfuhren, stand urplötzlich, von mir nicht geahnt und nicht gesucht, das Wort „Ehrfurcht vor dem Leben" vor mir. Das eiserne Tor hatte nachgegeben; der Pfad im Dickicht war sichtbar geworden. Nun war ich zu der Idee vorgedrungen, in der Welt- und Lebensbejahung und Ethik miteinander enthalten sind! Nun wußte ich, daß die Weltanschauung ethischer Welt- und Lebensbejahung samt ihren Kulturidealen im Denken begründet sind."[18]

Dies war also das Anliegen: im Denken, in der Vernunft zu verankern, oder vielmehr verankert zu finden, was als irrational-enthusiastischer Wille, als Gefühl, als Schau schon lange da war. Es ist wohl mehr als eine nachträgliche psychologische Rationalisierung. Es ist eine echte Synthese. Schweitzer ist überzeugt, daß das vernünftige Denken und der elementare Sinn des Menschseins nicht fundamental auseinanderklaffen, sondern daß Wahrheit nur ist, wo die Übereinstimmung zwischen den beiden gefunden ist.

Es wäre nun möglich, diesen Gedanken als innerphilosophische Konzeption allein durchzuführen, als Versöhnung von Gefühl, Lebenswille und Vernunft. Es brauchte also nicht explizit auf Jesus zurückgegriffen zu werden. Durch die Verankerung in der Vernunft glaubt Schweitzer philosophisch die Ehrfurcht vor dem Leben auch auf sich selbst begründet zu haben. Indessen ist natürlich faktisch die Frage, ob ein nicht von christlichen Impulsen schon bewegtes Denken diese Willensrichtung eingeschlagen hätte. Schweitzers Wille zum Leben ist ja schon von vorneherein christlich geformt, und es ist vielleicht kein Zufall, daß die außerchristlichen Impulse, die in die Nähe der Ehrfurcht vor dem Leben geführt haben, doch letztlich eine andere Wendung einschlugen. Schweitzers Ringen gerade mit den indischen und den chinesischen Denkern zeigt uns das deutlich. Schweitzer fühlt sich ihnen in mancherlei Hinsicht sehr verwandt und will den partikular-christlichen Horizont durchaus in eine universale Denkweise hinein übersteigen. Aber in seinen kritischen Kapiteln erweist er sich doch als zutiefst christlich geformt. Der Übergang von der bloßen Glaubensbegründung zur Vernunftbegründung gelingt zwar, aber seine Herkunft kann Schweitzer nicht verleugnen. Er will es auch nicht. Noch mehr als unsere Vernunft ist unser Irrationales geschichtlich und kann nicht von seiner Basis abgelöst werden.

Schweitzer versteht denn auch die Ehrfurcht vor dem Leben nicht nur als Versöhnung von Denken und irrational-enthusiastischem ethischem Impuls, sondern gleichzeitig als Versöhnung von evangelischer Verkündigung und Philosophie. Die Ehrfurcht vor dem Leben ist ihm gleichsam die Rationalisierung des Christentums. Sie setzt philosophisch eine Vernunftbegründung für das Liebesgebot Jesu, das als solches einfach appellativ dasteht. Gleichzeitig erweitert sie es vom Nächsten auf alle Kreatur.

Diese Doppelversöhnung ist genau zu beachten. Sie erklärt, warum für Schweitzer seine Philosophie mit dem Christentum in Einklang steht, ja als Vernunftdeutung des Evangeliums verstanden werden darf, und doch, für Nichtchristen, auch ganz abgesehen von dem religiösen Bekenntnis als rein vernunftbegründete Ethik Geltung bekommen kann. Diese dialektische Situation ist naturgemäß nur deshalb durchzuhalten, weil für Schweitzer von vorneherein, in seiner theologischen Interpretation des Christentums schon vor der Entdeckung der Ehrfurcht vor dem Leben, das Universal-Menschliche das Entscheidende war. Christsein ist ihm eben nicht etwas ganz anderes als Menschsein, sondern der Sinn des Christseins ist das wahre Menschsein. Nicht aber ist der Sinn des Menschseins der, Christ im konfessionellen Sinne zu werden. Darum konnte Schweitzer in Lambarene den Patienten die Bibel auslegen und von Jesus predigen und gleichzeitig nicht das geringste Interesse daran haben, nicht den geringsten Wert darauf legen, seine von der Ehrfurcht vor dem Leben ergriffenen Mitarbeiter jüdischen, hinduistischen, buddhistischen oder shintoistischen Glaubens zu Christus zu bekehren. Christentum ist ihm die ihm angestammte Form der Ehrfurcht vor dem Leben. Die Ehrfurcht vor dem Leben ist aber nicht nur in der Verkündigung Jesu, sondern auch im vernunftgemäßen Denken begründet. Das kommt in den Darlegungen der Kulturphilosophie, in denen die Ehrfurcht vor dem Leben entfaltet wird, weniger zum Ausdruck. Die Kulturphilosophie ist kein theologisches, sondern ein philosophisches Werk, und Schweitzer bemüht sich darin, philosophisch-vernunftgemäß zu argumentieren, ohne auf die Willensautorität Jesu zu verweisen. Das darf uns aber nicht darüber hinwegtäuschen, daß der Sache nach für Schweitzer die Einheit von Denken und Evangelium Jesu genauso gültig ist.

Das zeigt sich charakteristisch darin, daß Schweitzer als erstes, noch vor der Veröffentlichung der Kulturphilosophie, die Ehrfurcht vor dem Leben in seinen Straßburger Predigten als die Einheit von Denken und Christentum verkündigt hat. Es blieb lange verborgen, da diese Predigten erst nach seinem Tode veröffentlicht wurden. In den 1919 gehaltenen ethischen Predigten läßt Schweitzer das Liebesgebot Jesu, als zunächst das Herz bewegenden Appell erscheinen, der durch Vernunft begriffen werden soll. Beide stimmen zusammen, der Appell Jesu, der zugleich der Appell des Herzens ist, und die Vernunft. Er ruft aus:

„Ehrfurcht vor der Unendlichkeit des Lebens – Aufhebung des Fremdseins – Miterleben, Mitleiden –. Das letzte Ergebnis des Erkennens ist also dasselbe im Grunde, was das Gebot der Liebe uns gebeut. Herz und Vernunft stimmen zusammen, wenn wir wollen und wagen, Menschen zu sein, die die Tiefe der Dinge zu erfassen suchen!

Und die Vernunft entdeckt das Mittelstück zwischen der Liebe zu Gott und der Liebe zu den Menschen – die Liebe zur Kreatur, die Ehrfurcht vor allem Sein, das Miterleben allen Lebens, mag es dem unseren äußerlich noch so unähnlich sein."[19]

Indem Schweitzer die Vermittlung zwischen Mensch und Gott über die Kreatur gegeben sieht, also über den Begriff des Lebens überhaupt, das aus dem unendlichen Willen zum Leben in dem endlichen sich entfaltet, bettet er das ethische Gebot in eine Gesamtschau des Seins, die zur religiösen Dimension der Ehrfurcht vor dem Leben überhaupt überleitet. Die Nähe zum idealistischen Verständnis des Seins erweist sich darin, daß der Mensch innerhalb der Fülle des endlichen Lebens als einzige Kreatur zum Bewußtsein, besonders zum ethischen Bewußtsein erwacht und dadurch fähig wird, die Selbstentzweiung des Willens zum Leben durch die Liebe aufzuheben. Die Ehrfurcht vor der Kreatur bedeutet also keine Einebnung des Menschen im vitalistischen Sinne. Nur als *Objekt* der Ehrfurcht teilt er sein Leben mit dem aller Kreatur, als *Subjekt* dagegen übersteigt er, im Einswerden mit dem unendlichen Liebeswillen, die Dunkelheit der unbewußten, auch ethisch unbewußten Schöpfung. Das Bewußtwerden der Ehrfurcht vor dem Leben ist darum ein Ereignis der Seinsgeschichte überhaupt; theologisch würde man sagen, es hat eschatologischen Rang. Schweitzer spricht das wiederum in jenen so aufschlußreichen Predigten über die Ehrfurcht vor dem Leben aus:

„Die Welt, dem unwissenden Egoismus überantwortet, ist wie ein Tal, das im Finstern liegt; nur oben auf den Höhen liegt Helligkeit. Alle müssen in dem Dunkel leben, nur einer darf hinaus, das Licht schauen: Das Höchste, der Mensch. Er darf zur Erkenntnis der Ehrfurcht vor dem Leben gelangen, er darf zu der Erkenntnis des Miterlebens und Mitleidens gelangen, aus der Unwissenheit heraustreten, in der die übrige Kreatur schmachtet. Und diese Erkenntnis ist das große Ereignis in der Entwicklung des Seins. Hier erscheinen die Wahrheit und das Gute in der Welt; das Licht glänzt über dem Dunkel; der tiefste Begriff des Lebens ist erreicht, das Leben, das zugleich Miterleben ist, wo in einer Existenz der Wellenschlag der ganzen Welt gefühlt wird, in einer Existenz das Leben als solches zum Bewußtsein seiner selbst kommt ... das Einzeldasein aufhört, das Dasein außer uns in das unsrige hereinflutet."[20]

5. Die Ehrfurcht vor dem Leben als Einheit von Mystik und christlichem Glauben

Die Rede vom dunklen Tal weist darauf hin, wie sehr Schweitzers Schlüsselwort der Ehrfurcht vor dem Leben nicht isoliert dasteht, sondern in einem größeren weltanschaulichen Zusammenhang zu sehen ist, der gleicherweise Motive der christlichen Weltinterpretation wie der philosophischen, insbesondere des Schopenhauerschen Pessimismus, bearbeitet. Deutlicher tritt da noch die religiöse Dimension der Ehrfurcht vor dem Leben als ethische Mystik hervor, jedoch auch die Synthese mit dem neutestamentlichen, speziell Paulinischen Geist. Man darf sich dabei nicht durch den Begriff „Mystik" verwirren lassen. Schweitzer versteht unter Mystik etwas anderes als die dialektische Theologie, deren These es war, daß Mystik wesenhaft heidnisch sei und jedenfalls mit dem Neuen Testament nichts zu tun habe. Schweitzer hat gerade auch Paulus Mystik zugeschrieben. Mystik ist ihm nicht pantheistisch eingeschränkte Seinsmystik, die das Personale auslöscht, sondern universal das *Erleben* der Gemeinschaft und Einheit mit Gott über das bloße *Denken* hinaus. Tiefes Denken geht in Erleben über – dieser Satz ist für Schweitzer die Begründung dafür, daß die Vernunft in der Mystik endet, wenn sie tief genug ist. Gewiß ist diese Schau nur möglich von jenem idealistischen Ansatz aus, der zwischen dem unendlichen Willen zum Leben, also dem göttlichen Seinsgrund, und dem endlichen Willen zum Leben keinen absoluten qualitativen Unterschied sieht. Aber das heißt noch lange nicht das Personale auslöschen. Das Personale ist vielmehr bei Schweitzer und seinem Begriff der Mystik dadurch bewahrt, daß er von einer ethischen Mystik spricht, also vom Einswerden meines Willens mit dem unendlichen Willen durch die Tat der Liebe. Und das ist wiederum darin begründet, daß es verschiedene *Willen* sind, die eins werden, und nicht Substanzen. Mit der Verwurzelung des Seins im Willen ist das personale Moment bereits gegeben und damit, wie auch bei Augustin, die Nähe zum biblischen Lebensverständnis.

Schweitzer geht aber noch weiter. Es gibt harmonische Mystik, die davon ausgeht, daß das Sein eine große Einheit ist, in der letztlich keine Störung möglich ist. Mit solcher kosmischer Seinsmystik hat nun Schweitzer gerade nichts zu tun, sondern er geht vom entgegengesetzten Ausgangspunkt aus. Die reale Elementarerfahrung ist ihm gerade die praktische Zerspaltenheit des erscheinenden Seins, das, was er die grausige Selbstentzweiung des Willens zum Leben nennt. Mit dieser Erfahrung interpretiert er die christliche Tradition, die den Menschen in seiner Schuldverfallenheit sieht, aber auch die Welt mit ihrem Kreuz. Gleichzeitig spüren wir die Argumente Schopenhauers, der die dunkle Sinnlosigkeit des Lebens, das Irrationale, Undurchschaubare am Weltgeschehen so intensiv herausgearbeitet hat, daß eine harmonisierend-schönfärberische Apologetik der „besten aller möglichen Welten" schwierig wird.

Schweitzer stellt fest, daß der unendliche Wille zum Leben, soweit er sich als mannigfaltiger endlicher Wille entfaltet, gerade nicht harmonisch-glücklich erscheint, sondern als in einer Selbstzerfleischung begriffen, die keine Erklärung erlaubt. Das Rätsel des Sinnlosen bleibt ungelöst stehen. Was die Kirche mit dem Wort von der gefallenen Welt und der Erbsünde ausdrückt und mit der Geschichte vom Sündenfall begründet, wird bei Schweitzer, ohne mythische Erklärung, als Erfahrung festgehalten. Zur religiösen Tiefe der Ehrfurcht vor dem Leben gehört auch dieser Blick in den Abgrund, der jeden flachen moralischen Optimismus verwehrt. Das Verhältnis zum unendlichen Willen zum Leben ist durch diese rätselhafte Dunkelheit belastet, die gleichzeitig tragisches Schicksal wie eigene Schuld ist; die eigene Schuld besteht darin, daß ich selbst in die Selbstentzweiung des Willens zum Leben verstrickt bin. Mein Leben existiert nur auf Kosten von anderem Leben. Die denkerische Deutung des christlichen Weltverständnisses vollzieht sich teilweise mit den Mitteln der philosophischen Kritik Schopenhauers.

Deshalb erhält die Ehrfurcht vor dem Leben, die durch die Tat Selbstentzweiung des Willens zum Leben aufhebt, erlösenden Charakter. Die Eröffnung dieser Möglichkeit ist das Geschenk des möglichen sinnvollen Daseins. Es ist, religiös gesehen, die Versöhnung, die Aufhebung der Entfremdung, die Eröffnung von Heil. Weit über jedes moralische Verständnis hinaus hat jede Tat der Ehrfurcht vor dem Leben, die in helfender Gemeinschaft Selbstentzweiung des Willens zum Leben aufhebt, religiöse Bedeutung. Sie ist Erleben des Einswerdens des Willens zum Leben, des Einswerdens auch mit dem unendlichen Willen zum Leben und damit mystische Erfüllung.

Schweitzer verläßt damit den Weg Schopenhauers, mit dem er nur die Einsicht in die Unerklärlichkeit der Selbstentzweiung des Lebenswillens und der Leidensfülle der Welt teilt. Er betritt aber auch nicht den Weg Nietzsches. Indem er sich als Leben inmitten von Leben, das ebenso berechtigt auch leben will, versteht, ist die Konsequenz eben nicht der Wille zur Macht über den andern, sondern die Ehrfurcht vor dem Leben.

Die Ehrfurcht vor dem Leben als Aufhebung des Sinnzwiespaltes ist vielmehr die philosophische Interpretation des christlichen Erlösungsweges. Auch in dieser Hinsicht glaubt Schweitzer, das tiefste Anliegen des christlichen Glaubens durch das Denken begründet und formuliert zu haben. Nur wird das Heilsgeschehen nicht in eine Heilsgeschichte dogmatisch eingebaut, sondern das Heilsgeschehen bleibt konkretes Fragment mitten in einem als Ganzes nicht deutbaren Kosmos. Das Besondere dieser Heilsmöglichkeit erweist sich darin, daß der Mensch *in sich* das Prinzip des ethischen Verhaltens entdeckt, das ihn in Differenz zur Welt bringt. Nicht die Deutung der Welt begründet sein Handeln; dieses ist darum nicht Gleichwerden wie die Welt, die das Leben nicht nach der Ehrfurcht vor dem Leben, sondern nach dem erbarmungslosen Kampf aller gegen alle erfahren läßt. Ethisch handeln heißt gerade anders sein als die „Welt“, wohl inmitten der Welt, durchaus irdisch, durchaus säkular, aber nach anderen Gesichtspunkten handelnd. Schweitzer versteht diese Situation durchaus in Analogie zu der Art, wie Paulus seine Situation als Glied der „neuen“ Welt inmitten der „alten“ versteht. Das herausgehobene Sein in der Ehrfurcht vor dem Leben entspricht dem Sein in Christo bei Paulus. Diese Entsprechung der Struktur wird tief erfahren, unbeschadet des Urteils, daß die Vorstellungswelt, in der sich Paulus ausspricht, diejenige der phantastischen, nicht mehr zu übernehmenden urchristlichen Apokalyptik ist. Die Erfahrung der befreienden Erlösung ist die nämliche. Schweitzer kann deshalb die Erfahrung der Ehrfurcht vor dem Leben als eine erlösende, tief religiöse mit fast paulinischen Wendungen beschreiben:

„Sie ist mir das Licht, das in der Finsternis scheint. Die Unwissenheit, unter die die Welt getan ist, ist von mir genommen. Ich bin aus der Welt erlöst. In Unruhe, wie sie die Welt nicht kennt, bin ich durch die Ehrfurcht vor dem Leben geworfen. Seligkeit, wie sie die Welt nicht kennt, empfange ich aus ihr. Wenn in der Sanftmut des Andersseins als die Welt ein anderer und ich uns in Verstehen und Verzeihen helfen, so sonst Wille andern Willen quälen würde, ist die Selbstentzweiung des Willens zum Leben aufgehoben. Wenn ich ein Insekt aus dem Tümpel rette, so hat sich Leben an Leben hingegeben und die Selbstentzweiung des Lebens ist aufgehoben. Wo in irgendeiner Weise mein Leben sich an Leben hingibt, erlebt mein endlicher Wille zum Leben das Einswerden mit dem unendlichen, im dem alles Leben eins ist. Labung wird mir zuteil, die mich vor dem Verschmachten in der Wüste des Lebens bewahrt.“[21]

Diese Labung versteht Schweitzer als jenen Frieden

Gottes, der höher ist als alle Vernunft, von dem Paulus in seinem Brief an die Philipper schreibt, daß er „Herzen und Sinne in Christo Jesu bewahre". Auch in diesem für Schweitzer mystischen Erleben, in das das Denken mündet, findet er die Synthese von Vernunft und Glauben. Was er in der Kulturphilosophie in philosophischer Terminologie aussprach, formuliert er in seiner Abschiedspredigt vor der ersten Abreise nach Lambarene am 9. März 1913 im Anschluß an das erwähnte Pauluswort vom Frieden Gottes in christlicher Sprache; beides ist für ihn im Einklang:

„Je mehr uns unsere Vernunft in die Unruhe der Fragen des Seins hineinwirft, desto stärker wird die Sehnsucht nach dem Frieden. Sie führt uns die Berge hinan bis da, wo die Gletscher zu glänzen anfangen und sagt uns, nun mußt du da weitergehen, hinauf, hinauf, immer weiter ins Licht, immer weiter in den Frieden und die Stille. Alle Versuche der Erkenntnis lehren uns als Letztes, daß hinter allen Dingen und allem Geschehen als weiter nicht zu Begreifendes der Wille ist. – In dem Geschehen draußen ein Gesamtwille, kommend aus dem Urgrund des Seins, sich allen Dingen mitteilend, alles, was ist, enthaltend: *Wille Gottes.* In uns unser Wille, irgendwie aus jenem hervorgegangen und in ihm wurzelnd und dennoch unser Wille.

Die letzten Fragen des Daseins gehen über das Erkennen hinaus. Um uns Rätsel über Rätsel. Aber die letzte Frage des Daseins, die über unser Schicksal entscheidet, hat es nur mit dem einen zu tun, auf das wir immer zurückgeworfen werden: Was wird aus unserem Willen?

Wie findet er sich in den Willen Gottes? Und die höchste Erkenntnis, zu der man gelangen kann, ist Sehnsucht nach Friede, daß unser Wille eins werde mit dem unendlichen Willen und unser Menschenwille mit Gottes Willen – und sich nicht abschließt und für sich ist wie ein Wassertümpel, der vertrocknen muß, wenn des Sommers Hitze kommt; sondern wie ein Bach, der seinen Weg zum Strom sucht, um von ihm in den unendlichen Ozean getragen zu werden."[22]

Anmerkungen

Zu: Das Christentum und die Weltreligionen

[1] Eine Zusammenfassung seiner Ideen bietet er in „Christus und die Cäsaren". Der Ursprung des Christentums aus dem römischen Griechentum, 1877.

[2] Arthur Drews „Die Christusmythe", 1909. – Von den zahlreichen neueren Bestreitern der Geschichtlichkeit Jesu seien genannt: John N. Robertson „Christianity and Mythology", 1900; William Benjamin Smith „Ecce Deus"; Samuel Lublinsky „Die Entstehung des Christentums aus der antiken Kultur", 1910. – Siehe Albert Schweitzer „Geschichte der Leben-Jesu-Forschung". Dritte Auflage, 1922.

[3] Richard Reitzenstein „Die Hellenistischen Mysterienreligionen. Grundgedanken und Wirkungen", 1910; „Das iranische Erlösungsmysterium", 1921. – Über diese Theorie siehe Albert Schweitzer „Geschichte der Paulinischen Forschung", 1911.

[4] Hermann Usener „Religionsgeschichtliche Untersuchungen", 1889 und 1899. – Erwin Rohde „Psyche", 1894. – Albrecht Dieterich „Eine Mithrasliturgie", 1903. – Franz Cumont „Les Mystères de Mithras", 1899; „Les religions orientales dans le paganisme romain", 1906.

[5] Über solche phantastischen Leben Jesu berichte ich in meiner „Geschichte der Leben-Jesu-Forschung".

[6] Ins Englische ist das Taoteking von James Legge in „The Sacred Books of the East', 1891, übersetzt, ins Deutsche von Viktor von Strauß, 1870, Richard Wilhelm, 1911, und anderen, ins Französische von Stanislaus Julien, 1842.

[7] Soweit uns die Werke dieser chinesischen Denker erhalten sind, sind sie von James Legge ins Englische übersetzt.

Eine ausgezeichnete deutsche Übersetzung stammt von Dr. Richard Wilhelm.

[8] Das Mahabharata behandelt die Kämpfe zwischen zwei mächtigen Geschlechtern. Die Fassung, in der es uns überliefert ist, stammt etwa aus dem ersten Jahrhundert n. Chr. An sich aber ist es wohl viel älter.

Zu: Albert Schweitzer, von Ulrich Neuenschwander

[1] (Titel ohne Autorenbezeichnung sind Werke Albert Schweitzers.) Aus meinem Leben und Denken, Leipzig 1935, S. 206.

[2] Schelling, Philosophische Untersuchungen über das Wesen der menschlichen Freiheit und die damit zusammenhängenden Gegenstände, 1809, zit. in: Schellings Werke, ed. M. Schröter, München 1958, Bd. IV, S. 242 (Originalausgabe VII, S. 350).

[3] Selbstdarstellung, Bern/Leipzig 1929, S. 38f.

[4] Kultur und Ethik, München 1923, S. 167.

[5] Aus einem noch unveröffentlichten Manuskript zur Fortsetzung der Kulturphilosophie.

[6] Aus einem noch nicht veröffentlichten Manuskript zur Fortsetzung der Kulturphilosophie, 1944. (Die vier Grundtypen der Lebens- und Weltanschauung)

[7] Aus meinem Leben und Denken, S. 70; vgl. Mk. 8,35.

[8] A. a. O., S. 203.

[9] Vgl. Geschichte der Leben-Jesu-Forschung, Tübingen 1913, S. 639.

[10] A. a. O., S. 640.

[11] A. a. O., S. 636.

[12] Ebd.

[13] Reich Gottes und Christentum, Tübingen postum 1967, S. 204.

[14] Vgl. Kapitel Bonhoeffer, S. 153f.

[15] Predigt vom 6. Januar 1905, Straßburger Predigten, München 1966, S. 51.

[16] Aus meinem Leben und Denken, S. 135.

[17] Zu Anselm vgl. Jaspers, Die großen Philosophen, München 1957, S. 732f.

[18] Aus meinem Leben und Denken, S. 136.

[19] Straßburger Predigten, S. 123f.

[20] A. a. O., S. 131.

[21] Kultur und Ethik, S. 243.

[22] Straßburger Predigten, S. 96f.